絞首刑は残虐な刑罰ではないのか？

Hanging is a Cruel Punishment:

新聞と法医学が語る真実

The Truth Revealed by Journalism and Forensic Science

中川智正弁護団（後藤貞人・前田裕司・渡邉良平）＋ ヴァルテル・ラブル 編著

現代人文社

●推薦のことば

　日本は平安時代の810年に起こった薬子の変の後、ごくわずかな例外を除き、公式には死刑を停止しました。生命を尊重する仏教思想や刑死者のなす災いを恐れる怨霊思想などが背景にあるとされます。貴族政権の中央だけの出来事で地方では必ずしもそうでなかったとも言われますが、日本には世界史上例のないこのような時代もありました。

　時代は下って、1156年の保元の乱以降死刑が復活しました。今も日本には死刑が残っています。世界中で死刑廃止国が多数を占め、さらに増え続けている今日、死刑が残っている先進国は日本とアメリカの一部の州だけです。

　人の命は、この世でもっとも大切なものであり、人の命があってこの世は成り立っています。人の命を奪ってはなりません。命を奪われた被害者の無念や遺族の悲しみはいかばかりだろうかと思います。

　だからこそ、人を殺してしまった者は、それ相応の刑罰を受けなければなりません。しかし、人を殺した者に対する処罰が再び人の命を奪うものであっていいのでしょうか。私は、死刑は国家の名によって人の命を奪うことであって絶対に許されないと考えています。

　本書は、刑罰として人の命を奪うことの是非を直接問うためのものではありません。死刑の方法、つまり日本で行われていて、最高裁判所が残虐な刑罰ではないと認めた絞首刑が、実は頭部離断（首が切り離されること）のおそれがあり、また、ゆっくりとした窒息死をもたらす可能性がある残虐な刑罰であることを論じたものです。

　また、そのような不手際がなくても、絞首刑では意識のあるままで死刑囚の体がひどく傷つくということも判明しています。さらに、膨大な調査の副産物として過去に行われた絞首刑の様子を報じた新聞記事を読みやすい形で多数掲

載しています。

　これまで日本で論じられたことがない極めて重要な論点に鋭く切り込んだものであって、今後死刑を論じる時、必ず参照されるべき書となることは疑いありません。

　2008年2月8日アメリカのネブラスカ州最高裁判所は、ある死刑囚の訴えに対して、死刑判決はそのままにして、死刑の方法として電気椅子を用いることを禁止しました。その判決の中で裁判所は、

> われわれは（上訴人の）死刑囚が罪なき犠牲者を苦しめたのと同じだけ、死刑囚を苦しめたいという誘惑があることを認める。しかし、残虐な行為に対して残虐な行為を行うことなしに罰するのが文明の輝かしい証明である。

と述べています。

　日本の裁判官や裁判員、そして国民は、この格調高い判決や本書が述べる内容にどう答えるのでしょうか。

　裁判員裁判では、被告人に死刑を下すかどうか普通の市民が判断を迫られる場面もでてきています。本書が人間の命や死刑について関心をもつ人だけでなく、それ以外の多くの人びとに読まれることを衷心より期待いたします。

　　2011（平成23）年8月5日

元日本弁護士連合会副会長・弁護士 河原昭文

●日本のみなさまへ

　私はヴァルテル・ラブルと申します。医師で、1983年からオーストリア・チロルのインスブルック医科大学法医学研究所（GMI）に勤務している法医学者です。私は同研究所の副所長であり、オーストリア法医学会（ÖGGM）の現会長です。

　インスブルックは、オーストリア西部に位置するチロルの州都で、美しい山々に恵まれた観光都市です。

　ここで日本からの突然の訪問者を迎えたのは2010年の夏のことです。彼は日本の法学部の教授でした。彼は流暢なドイツ語で、日本の弁護士が依頼人の関係で私の論文「頭部離断を伴った縊死　事例報告——生体力学」（1995年）に関心を持っている、と言いました。直接ではなくその教授の仲介を経たものでしたが、これが日本の弁護士・後藤貞人氏やその同僚との最初の接触でした。

　2010年の秋に、後藤氏とその同僚は、最高裁判所へ提出するために、絞首刑について法医学的見地から意見を私に求めてきました。

　私は、2つの理由から彼らに協力することを決めました。その理由は、第1に日本のような近代的な文明国で、絞首刑——中世の暗黒時代や西部劇の映画から知られているような方法——が「残虐ではない」処刑の方法として受け入れられていることにショックを受けたからで、第2に絞首刑による死に関して多くの誤解と事実関係の誤りがあるからです。

　以来、私は、2010年11月に質問1～12、2011年3月に質問12～17、そして2011年6月に質問18～28に回答してきました〔本書82、106、154頁〕。

　私の個人的な意見では、いかなる死刑の執行方法も残虐で、かつオーストリアと世界中の医師が学窓を巣立つ日に遵守を宣言するヒポクラテスの誓い（「私は自己の能力と判断に従って、自らの患者の為になるように治療を施し、

他を傷付けません」とあります）に反します。死刑の執行方法の中でも、絞首刑は2つの点で特に残虐です。

1. まれな例を除いて、絞首された者の意識は最低でも5から8秒、あるいは2から3分間も続き、激しい肉体的な損傷と激痛が伴います。死刑囚の首は、そこに全体重がかかるので、落下の衝撃で傷付きます。脳の死は早くても4から5分かかります。
2. 死刑執行で、特定の個人について絞首刑の結果を科学的な方法で予想することはできません。仮に決まったやり方に従ったとして、多くの死刑囚は5から8秒後に意識を失うでしょう。しかし、まれには瞬間的に意識を失なうこともあるでしょう。あるいは、ある者は2から3分間意識が持続した後に意識を失なうかも知れず、またある者は首が切断されるかも知れません。

私の意見は法医学の分野でのものですが、一方、後藤氏とその同僚は、絞首刑が本当はどんなものかを示すために歴史的・法律的な調査を行なってきました。私たちはこの本を専門家だけではなく、絞首刑のことを知らない一般の方々にも読んでもらいたいと思っています。日本の死刑は秘密裏に執行されますが、皆さんは、御自身の国では、絞首刑が唯一の死刑執行方法であることを御存知にちがいありません。私たちは、皆さんが日本の死刑への賛否を決める前に、この本を読んで絞首刑の実情を知って頂ければと願っています。

2011年7月28日

オーストリア法医学会会長 ヴァルテル・ラブル

(英文)
To Japanese readers
July 28, 2011
The president of the Austrian Society of Forensic Medicine
Dr. Walter Rabl

I am Dr. Walter Rabl, a forensic scientist who works in the institute of Legal Medicine of the Medical University Innsbruck (GMI), Tirol, Austria since 1983. I am the vice director of the institute and the current president of the Austrian Society of Forensic Medicine (ÖGGM).

Innsbruck is the capital of Tirol in the western part of Austria and a tourist city with beautiful mountains.

In this city I had an unexpected visitor from Japan in the summer of 2010. He was a professor at a law school in Japan. In fluent Germany, he said that Japanese lawyers had been interested in my article 'Erhängen mit Dekapitation. Kasuistik – Biomechanik' (1995), in relation to their client. This was my first contact with the Japanese lawyer Mr. Sadato Goto and his colleagues, though it was not direct but rather through the intermediary of the professor.

In the fall of 2010, Mr. Goto and his colleagues asked me for my opinion about judicial hanging from a standpoint of forensic science in order to submit it to the Supreme Court.

I decided to cooperate with them for two reasons: firstly because I was shocked that in a modern civilized country like Japan judicial hanging – a method known from the Dark Ages and from western films – is accepted as a "non-cruel" method of execution, and secondary because there are so many misunderstandings and factual errors concerning death caused by judicial hanging.

Since fall 2010, I have answered to Q1-11 in November 2010, Q12-17 in March 2011, and Q18-28 in June 2011.

In my personal opinion, any method of execution is cruel and incompatible with the Hippocratic oath, (which says that "I will prescribe regimens for the good of my patients according to my ability and my judgment and never do harm to anyone."), which physicians in Austria and all over the world are committed to take on graduation day. Among the various methods , judicial hanging is especially cruel in two respects.

1. Except in rare cases, the consciousness of the hanged person last at least 5 to 8 seconds, or for as long as 2 to 3 minutes, with severe injury and pain. The neck of the hanged inmate is injured by the impact of the drop because the whole body weight is put on the neck. Brain death occurs after 4 to 5 minutes at the earliest.

2. The result of judicial hanging is not predictable in any scientific way for a specific individual. Many inmates lose consciousness after 5 to 8 seconds, in exceptional cases some inmates may lose consciousness immediately, and some might pass out after 2 to 3 minutes of consciousness, or might be decapitated, even if the executions is carried out "according to standards."

My opinion is in the field of forensic science, while Mr. Goto and his colleagues have made historical and legal investigations to show what judicial hanging really is. We'd like not only specialists but also general people who do not know about judicial hanging to read our book. Though death penalty in Japan is carried out secretly, you must know that hanging is the only method of execution in your country. We'd like you to know the actual fact of judicial hanging by reading our book before you decide to agree or object to death penalty in Japan.

●はじめに
中川智正弁護人から読者の皆さんへ

　中川智正さんはオウム事件の被告人の一人です。中川さんは、地下鉄サリン事件をはじめ多くの事件で東京地方裁判所に起訴されました。私たちは第一審の途中から中川さんの弁護人となりました。2003（平成15）年10月29日、中川さんは東京地方裁判所で死刑判決を受けました。2007（平成19）年7月13日、東京高等裁判所も第1審の死刑判決を維持しました。事件は2011（平成23）年8月末現在、最高裁判所で審理中です。

　私たちは中川さんが関与した事件で多くの罪のない人が亡くなったことを知っています。わが国の最高裁判所が1948（昭和23）年に死刑が合憲であると判断し、それ以降その判例を変更していないことを知っていました。最高裁判所が1955（昭和30）年に絞首による死刑の執行方法は残虐とは認められないと判断し、それ以降その判例を変更していないことも知っていました。中川さんは、最初に面会したときから「これだけの事件を起こしたので、覚悟はしています」と私たちに述べました。以来13年半あまり中川さんと接していますが、「死刑になりたくない」と私たちに言ったことはありません。

　それでもなお、私たちは中川さんを死刑にすべきではないと思っています。犯罪による残虐な死に対して、残虐な刑罰を科すことによって報いることが正しいとは思えないのです。その思いは中川さんとの面会を重ねるたびに強くなりました。

　1948年最高裁判所は残虐か否かは「時代と環境」によって変わりうることを前提としていました。それから約60年の歳月が流れたのです。時代と環境は変わっています。例えば、1955年最高裁判所判決で絞首刑との比較の対象としてあげられた電気椅子による処刑は2008（平成20）年2月ネブラスカ州最高裁判所で残虐な刑罰であると判断されています。もはや死刑囚本人が希望しない限

りは、実行されない刑罰になりました。絞首刑も世界中で姿を消しつつあります。かたや、わが国では、死刑を存置したまま裁判員裁判がはじまりました。市民が死刑に処すか否かの判断をすることになったのです。あらためてわが国の死刑、つまり絞首刑は残虐な刑罰ではないのか問われるときがきたのです。

　それを問うためには、わが国で隠されて続けてきた絞首刑を、抽象的な理念でなく具体的な事実にもとづいて考え、死刑の現実がどのようなものか明らかにしなければなりません。犯罪被害者の苦しみや処罰感情ももちろん死刑に関する重要な事実です。しかし、それは死刑そのものについての事実ではありません。事実こそがすべての議論の基礎となります。私たちはもう一度そこから出発しました。

*

　海外の文献を探す中で、オーストリアのヴァルテル・ラブル博士の論文を見いだしました。ラブル博士は、どのような条件があれば、首つり自殺で首が切断されるかを研究して論文にしていたのです。ラブル博士に連絡をとって、博士の研究が絞首刑にも応用できることがわかりました。私たちは、博士に絞首刑に関する意見を求めました。博士は全ての質問に丁寧に答えて下さいました。

　一方で、私たちは、実際に絞首刑によって首が切断された例を探しました。多くの文献を渉猟して、米、英、カナダなどの例を見つけることができました。わが国でも、やはり首が切断された例がみつかりました。

　また、国会図書館をはじめ各地の図書館で新聞記事や官報をチェックしました。つぎに、収集した情報をデータベース化しました。

　私たちの調査結果はこれまでに類をみないものとなりました。私たちは、それらを最高裁判所に提出しました。本書は、それらの提出書類をまとめたものです。

*

　ここで、これらの作業は私たち3人の弁護士ではなく協力者の方々が担ってくれたことを正直に告白しておかねばなりません。多くの方々の献身的な努力なしに私たちの調査は一歩も進まなかったでしょう。また、本書の出版にあたっても、多くの協力があったことをここに明記しておきたいと思います。深

く深く感謝します。

　著者の一人ではありますが、遠い異国からの問い合わせに誠心誠意答えて下さったラブル博士には感謝の言葉もありません。

　明治時代に来日したドイツ人医師ベルツが大日本帝国憲法発布の前の様子について、1889年2月9日の日記に記しています。「東京全市は11日の憲法発布をひかえてその準備のため言語を絶した騒ぎを演じている。至るところ奉祝門・照明・行列の計画。だが滑稽なことには誰も憲法の内容をご存知ないのだ」(エルヴィン・フォン・ベルツ『ベルツの日記』岩波文庫)。
　しかし、私たちは訳もわからず浮かれていた明治時代の市民とは同じではありません。まして、裁判員裁判では目の前の被告人に死刑を科すか否か認定する場面があり得るのです。

　読者の皆さん方が絞首刑の真実を前に今一度絞首刑の残虐性について考えて下さるよう希望します。

2011年8月30日

中川智正弁護団

弁護士 後藤貞人

弁護士 前田裕司

弁護士 渡邉良平

＊本書に掲載した上告趣意書や補充書、それらで引用した資料は、http://deathpenalty-trial.jp、新聞・官報のデータは、http://meiji.shikei.infoで閲覧可能です。

目次

推薦のことば　河原昭文……………………ⅱ

日本のみなさまへ　ヴァルテル・ラブル……………………ⅳ

はじめに　中川智正弁護団……………………ⅷ

序　章　この本が出来るまで……………………1
　　1　日本の死刑は絞首刑……………………1
　　2　明治時代の死刑……………………2
　　3　新聞記事・官報に見る死刑……………………3
　　4　ラブル博士との出会い……………………5

第1章　死刑囚104人の最期──新聞記事は伝える………7

第2章　本当に絞首刑は残虐な刑罰ではないのか？
〔最高裁判所への意見（1）上告趣意書〕……………………31
第1点　原判決には憲法違反ないし憲法解釈の誤りがある…32
　第1　憲法36条違反……………………32
　　1　わが国の死刑は受刑者の頭部を離断（断頭）する
　　　　残虐な刑になりうるので憲法36条に違反する……32
　　2　判例とその解釈……………………43
　　3　小括……………………45

第2　憲法31条違反……………46
　　　1　わが国の死刑は、受刑者の頭部を離断する
　　　　　死刑になりうるから、憲法31条に違反する……………46
　　　2　わが国の死刑は関係する法律に法律事項であるべき内容が
　　　　　記載されてないので憲法31条に反する……………48
　　　3　わが国の死刑は、不適切な手続が法律に
　　　　　記載されているので、憲法31条に違反する……………49
　　　4　小括……………49
　　第3　結論……………50

第3章　日本でも起こっていた首の切断・小野澤おとわ
　　　　〔最高裁判所への意見（2）上告趣意書補充書（1）〕……………51
　　第1　憲法36条違反……………52
　　　1　わが国の絞首刑で受刑者の頭部が離断される可能性………52
　　　2　絞首刑におけるゆっくりとした窒息死の発生とその残虐性…62
　　　3　絞首刑の残虐性と密行性……………65
　　　4　小括……………66
　　第2　憲法31条違反……………66
　　第3　結論……………67
　　　　小野澤おとわ（とわ）の新聞記事（1）……………68
　　　　小野澤とわ（おとわ）の新聞記事（2）……………71
　　　　絞首刑で即死するか？……………73
　　　　日本が絞首刑だけを採用した理由……………77

第4章　日本の刑場でも首の切断やゆっくりとした
　　　　窒息死がおこる〔法医学者の見解（1）〕……………81
　　　　ラブル博士回答書（1）……………82
　　　　同英文……………88

第5章　古畑博士の鑑定は誤りだった
〔法医学者の見解（2）〕……………………105
ラブル回答書（2）……………106
同英文……………110

第6章　ラブル博士の見解をふまえた判断を
〔最高裁判所への意見（3）上告趣意書補充書（2）〕…………115
1　はじめに——昭和30年4月6日大法廷判決は見直されるべきである……………116
2　昭和30年4月6日大法廷判決とその背景……………116
3　昭和30年4月6日大法廷判決当時の法医学的見解に対する批判……………119
4　昭和30年4月6日大法廷判決で検討されていない事項……………124
5　結論……………132
ラブル博士の論文の表5……………133
絞首刑の合憲性が争われた裁判の記録……………135
絞首刑で遺体はどうなるか？……………144
長島高之助の新聞記事……………151

第7章　首の骨折で瞬間的に死亡するという説は誤りだ
〔法医学者の見解（3）〕……………………153
ラブル博士回答書（3）……………154
同英文……………160

第8章　再びラブル博士の見解をふまえた判断を
　　　　〔最高裁判所への意見（4）上告趣意書補充書（3）〕············167
　　1　はじめに──昭和30年4月6日大法廷判決の
　　　　見直しを重ねて求める··················168
　　2　古畑博士及びラブル博士の意見··················168
　　3　昭和30年4月6日大法廷判決当時の
　　　　法医学的見解に対する批判の補充··················169
　　4　昭和30年4月6日大法廷判決で
　　　　検討されていない事項の補充··················174
　　5　結論··················176

第9章　明治刑死者1184人──官報登載全リスト········179

序章

この本ができるまで

1　日本の死刑は絞首刑

　本書は、中川さんの裁判で弁護人が提出した書類がもとになっています。
　上告趣意書、上告趣意書補充書、ラブル博士の回答書に、提出した資料の中から必要なものを加えました。そのなかで弁護人やラブル博士は絞首刑がどのような刑罰か、残虐な刑罰ではないか、ということを論じています。
　日本の死刑は刑法11条で絞首刑と決められています。
　具体的な方法は、1873年に出された明治6年太政官布告65号に定められています。まず、上からつるしたロープを死刑囚の首にかけます。次に死刑囚が立っている床（踏板）を開き、死刑囚を下に約2.4メートル落とします。死刑囚はロープで床から約30センチの高さにつり下げられます。絞首刑の執行方法をこのように定めた太政官布告の基本的な部分は現在も有効とされています。つまり、今も同じようなやり方で日本の絞首刑は行われるのです。
　日本の死刑は非公開で行われます。マスコミの関係者はもちろん、死刑囚の弁護人、死刑囚の家族、事件の被害者であっても立ち会うことができません。限られた者だけが立会い、刑場で何が起こったかは明らかにされてきませんでした。
　ところが、明治時代の日本では許可を得れば死刑の執行に第三者が立ち会うことができました。現在でも許可が出れば、誰でも死刑の執行に立ち会うことが可能ですが、その許可が出ません。一方で明治時代には許可が出ることもあったのです。そればかりか、そこで見聞きした内容を新聞記者が記事にする

こともありました。新聞記者が刑場に入っていなくても、その場にいた者に取材して記事を書くこともよくありました。現役の看守（刑務官）が死刑執行の状況を実名で記事に書くことも許されていたようです。私たちはこれらの事実をある研究者の方から教えて頂きました。そして調査を始めたのです。

2　明治時代の死刑

　当時と今では裁判制度などでも異なる点があります。

　第1に、先にあげた明治6年太政官布告65号が出た1873（明治6）年2月20日から1881年（明治14）年12月31日までは、現在と同じ絞首刑の他に斬首刑がありました。日本刀で首を切っていたのです。1882（明治15）年1月1日に旧刑法が施行されて以降は、軍法会議による銃殺刑（第2次世界大戦後に廃止）を除いて、日本の死刑は絞首刑だけになりました。

　第2に、死刑事件は、1890（明治23）年10月31日まで重罪裁判所（1881〔明治14〕年12月31日までは「上等裁判所」）と大審院の2審制でした。1890（明治23）年11月1日の明治刑訴法の施行以降は、現在と同じ地方裁判所・控訴院・大審院の3審制となります。控訴院は現在の高等裁判所にあたります。北海道では函館（1921〔大正10〕年に札幌へ移転）に、九州では長崎（1945〔昭和20〕年に福岡へ移転）にありました。また、四国には控訴院はありませんでした。

　第3に、現在の刑場は高松を除き、高等裁判所の所在地だけにありますが、明治時代の刑場は各地にありました。

　1900（明治33年）年3月までは、預納金と呼ばれる金を納めないと控訴できませんでした。そのため、死刑判決を受けた地方裁判所のある都市にとどめ置かれて、そこで処刑される者も多くいました。預納金の制度がなくなって以降は、死刑判決を受けた後に控訴院へ控訴する者が増え、控訴院のある都市に移されたので、そこで処刑される者も増えました。

3　新聞記事・官報に見る死刑

　このように明治時代と現在では死刑に関する制度で異なっている部分もあります。しかし、先に述べたように明治6年太政官布告65号に基づく絞首刑ということでは同じです。また、何よりも死刑を執行されているのは、百数十年前とはいえ同じ人間であり日本に住む人たちです。現在に生きる私たちが死刑や絞首刑について考える上で参考になることは言うまでもありません。

　私たちは、調査を始めた頃、明治時代のことだから、新聞紙や雑誌などには当局に都合の良い情報ばかりが載せられているのではないか、と考えていました。しかし、必ずしもそうではありませんでした。収集することができた約300人の死刑に関する新聞記事等の中には、政府には都合の悪そうなものもありました。例えば、首が切断された例が1件、ロープが切れた例が2件、ロープから外れて落ちた例が1件見つかりました。また、死刑執行直前に死刑囚が無実を訴えている例もありました。本書では、72件104人の絞首刑の記事を現代語訳しました。なお、その104人の他に斬首刑が1名、獄中での自殺が2名、記事の中に出ていることを付け加えたいと思います。死刑の執行中の事故など特別なことがない場合でも、短い記事の中に死刑囚の人柄が浮かんできます。抽象的に「死刑が執行された」のではなく、直前まで生きていた人間が絞首刑という刑罰を受けて死んだということがわかります。

　なお、過去の新聞記事を収集して当時の状況を研究する手法は、全く分野は違いますが、慶応大学名誉教授の速水融博士の『日本を襲ったスペイン・インフルエンザ』（藤原書店、2006年）から学びました。同博士は「新聞にすべて真実が書かれているとは限らないが、多数収集し、整理を進めると、インフルエンザ伝播の経緯や、意外な同時性が分かってくる」と述べておられます。私たちは、調査の膨大な作業量に圧倒されその作業に埋没しながら、この言葉に励まされて作業を続けたことを記しておきたいと思います。

　また、私たちは、新聞の調査と合わせて官報の調査も行いました。官報というのは、法令やその他国民に知らせるべき事柄をのせている国の日刊紙のこと

です。1883年（明治16）年から今日に至るまで発行されています。1886（明治19）年10月から1949（昭和24）年までは死刑執行に関する情報がのせられていました。その内容は時期によって異なりますが、死刑囚の住所、職業、氏名、罪名、死刑宣告を行った裁判所、執行日（もしくは執行命令が出た日）などです。私たちは合計で1184件の記事を抽出し、そのデータをコンピューターに入力して整理した上で、最高裁判所にも提出しています。

　なお、官報についていくつかのことを指摘しておきたいと思います。

　第1に、官報は刑法に基づく絞首刑による死刑執行のみを載せています。陸軍刑法・海軍刑法に基づく銃殺刑は除外しているようです。ただし、1888（明治21）年に、1件だけ田口弥三郎の銃殺が、おそらく誤って掲載されています。これも1184人の中に入っています。

　第2に、官報は全ての絞首刑の執行を載せているわけではありません。新聞記事と照らし合わせると、発行直後の1886〜1887（明治19〜20）年にはかなりの漏れがあります。また、1888（明治21）年以降であっても、例えば1899（明治32）年4月12日に名古屋で死刑を執行された黒田水精・華尾夫婦は官報にのっていません。少なくとも黒田夫婦を含め2件3人の死刑執行が漏れています。

　第3に、官報には、1895（明治28）年に日清戦争の結果、日本領となった台湾での死刑執行の記録ものっています。しかし、1年間に800人以上の死刑を執行している年もありました。また日本で用いられていない漢字が多数でてきました。これらの理由から、データ化を断念せざるを得ませんでした。

　しかし、明治時代の日本国内という限定はありますが、官報のデータがほぼ完全な形でまとめられたのは、これが史上初めてではないかと思います。

　「データが集積されていくにつれて、死刑を執行された人、死刑囚に殺された人、捜査や裁判・死刑の執行に関わった人のことなど、何か重いものが心の中にのしかかって来るような気持ちになりました。裁判のためというだけでなく、正確に集計しないといけないという思いで最後までやりました」。データの集計に携わってくださった方がこのように言っていたのが印象に残っています。

4　ラブル博士との出会い

　ラブル博士のことを知ったのは、2008年の秋ころに博士が1995年に書いた論文を見つけたのがきっかけでした。
　それ以前に、私たちは、絞首刑によって首が切断されてしまうことがあることを知っていました。多くの文献にその事実が書かれていました。しかし、首が切断されることを医学的に研究した論文があるとは思ってもいませんでした。
　ラブル博士は、オーストリアの法医学者です。博士は首つり自殺で首が切断された遺体が発見されたことをきっかけに、どのような条件があれば、首つり自殺で首が切断されるかを論文にしていました。博士は別の死因で死んだ人間の死体から、首の骨・筋肉・皮膚などを取り出しました。そして、どの位の力がかかると引きちぎれてしまうかを測定しました。その力を合計して首全体にどの位の力が加われば引きちぎれてしまうかを算出したのです。力の単位はニュートンという単位を使うそうで、12,000ニュートンの力がかかると首は切断されるとの結果が出ました。博士の論文によれば、首つり自殺で2.4メートル程度落ちても首が完全に切断されることがあるとのことでした。
　2010年の夏に、私たちはラブル博士と最初に接触しました。
　その後、同じ年の秋から本格的にラブル博士とのやり取りが始まりました。ラブル博士に日本の刑場や法律などを説明したところ、死刑囚の首が切断されたり、死刑囚がゆっくりと窒息死する可能性があるとの回答を得ました。さらに分かったことがあります。
　絞首刑を執行された者は、瞬間的に意識を失うから、何ら苦痛を感じないと述べた古畑種基博士による1952年の鑑定は「完全に誤りである」というのです。落とされてつり下げられた時の衝撃で死刑囚の首は傷つきますが、最低でも数秒間は意識があり、激しい痛みを感じるそうです。
　これに対して、死刑囚は死刑を執行されるのだから、苦痛を感じるのは当然だ、という考え方もあり得るでしょう。しかし、そもそも60年前の鑑定で、「最も苦痛のない安楽な死に方である」とされていて、それに対する訂正がなされ

ないまま、ここまで来たのです。誤った認識は改められなければなりません。人びとの意見は、その結論がどのようなものであれ、科学的で正しい知見にもとづいて形成されるべきなのです。

*

　私たちの調査は、東京地方裁判所で死刑判決を受け、東京高等裁判所でもその死刑判決が維持されて上告している中川智正さんの弁護のために始めました。しかし、その調査の結果判明してきた事実や収集した資料は、いまや中川さんの弁護の枠を超えて利用されるべき性格をもつのではないか。本書は死刑・絞首刑を考える人びとの参考にならないはずがない。

　私たちはそのように考えて本書を編むことにしたのです。

第1章

死刑囚104人の最期──新聞記事は伝える

　弁護人は、明治時代の新聞などから死刑に関連する記事662件を現在までに抽出し、調査・データ化しました。対象とした新聞は、読売新聞、大阪朝日新聞、東京朝日新聞（「朝日」と略）、自由灯、灯新聞、めさまし新聞、大阪日報、日本立憲政党新聞、郵便報知新聞、時事新報、東雲新聞、福岡日日新聞、東京横浜毎日新聞、毎日新聞（現在の同名の新聞とは関係ありません）、東京絵入新聞などです。また、雑誌『監獄協会雑誌』と単行本『日本死刑史』（布施弥平治、巖南堂書店、1978年）も調査の対象としました。

　本書では、その中から104人の死刑執行の様子を選びました。掲載にあたっては、現代語訳をしました。その上で要約した箇所があります。

岡崎新八　（年齢不明）　男性
・茨城県下の農民一揆事件
・明治11年8月11日に茨城で死刑執行
・新八の他に小林彦衛門が絞首刑。首謀者の本橋次郎左衛門は斬首刑。明治14年12月31日までは斬首刑もあった。（読売/M11/08/27）

北川石松　（年齢不明）　男性
・強盗。数十人の囚人と謀って放火して脱獄
・明治15年12月18日に中之島（大阪）で死刑執行
・大阪重罪裁判所で判決を受け、直ちに中之島監獄分署に送られてその日のうちに死刑執行。（日本立憲政党/M15/12/19）

岡田福松　（29歳）　男性
・強盗殺人
・明治15年12月21日に中之島（大阪）で死刑執行
・処刑の時、どうしたことかロープが途中で切れ、福松はばったりと地面に落ちて苦しんだ。看守は直ちにこれを引き上げ、ロープを取替え、再び首を絞めてやっと死に至らしめた。（日本立憲政党/M15/12/22）

小野澤おとわ　（37歳）　女性
・内縁の夫の母を絞め殺す。
・明治16年7月6日に市ヶ谷（東京）で死刑執行
・死刑の執行で、吊り下がった瞬間に首が半分ほどちぎれて血があたりにはとばしった。5分間ほどで絶命。（読売/M16/07/07他）

鈴木鍬次郎　（年齢不明）　男性
・憎まれ者の高利貸夫婦を殺す。
・明治16年10月11日に名古屋（愛知）で死刑執行

・高利貸夫婦をあわれむ者はなく、鍬次郎が死刑に処せられると聞いて、有志2000人以上が名古屋重罪裁判所に助命嘆願を出す。2人が代表して上京。司法省にも嘆願書を提出したが、死刑は執行される。（郵便報知/M16/10/16他）

日野丑太郎　（年齢不明）　男性

・悪口を言った母娘を殺す。

・明治17年7月8日に福岡で死刑執行

・死後の解剖を願い出たため、福岡医学校で本日解剖の予定。（福岡日日/M17/07/09）

松本豊次郎　（年齢不明）　男性

・殺人

・明治17年10月28日に市ヶ谷（東京）で死刑執行

・刑法附則8条の規定で、裁判所、犯人自宅、犯行現場に死刑宣告書が掲示される。辞世「東路（あずまじ）の/名所古跡を/見つくして/是から先は/西の旅だち」。（郵便報知/M17/10/29他）

有馬正純　（34歳）　男性

・不明

・明治18年5月7日に中之島（大阪）で死刑執行

・かねて覚悟していたようで、「目かくしに及ばない」と言った。しかし法の定めであるため白木綿で両眼をおおわれた。絞首台に乗った時、「しばらくお待ち下さい」と言って「再びと/帰らぬ空へ/旅立の/涙に袖を/絞りぬるかな」と辞世を詠み、「これにてよろし」と述べて処刑される。（大阪朝日/M18/05/08）

第1章　死刑囚104人の最期

松田克之 （30歳）　男性

・大久保利通暗殺で終身刑。赤井景韶と脱獄
・明治18年6月25日に市ヶ谷（東京）で死刑執行
・早期の死刑執行を願い出る。絞首台を登る時、目かくしをしているので、看守が横から「もう一段登れ」と言って静かに絞首台上に登り終る。ただちに首に縄がかけられ、体はつり下げられた。それと同時に鼻と口から鮮血が吹き出して、氏は30年5ヶ月を一期にとして刑場の鬼となった。所持品は現金64銭、堤灯1個、こよりで作った網。芸道熱心な尾上菊五郎が参観を申し出るが不許可。（自由灯/M18/06/26他）

赤井景韶　（25歳）　男性

・高田事件で服役。松田克之と脱獄
・明治18年7月27日に市ヶ谷（東京）で死刑執行
・死刑の参観およそ100人。「赤井景韶」と呼ばれて絞首台の下に来たが、看守に「目かくしは法律にない。できれば目かくしなしで死刑の執行を受けたい」と言うが、看守から規則であると言われて受け入れる。氏は絞首台に上った。参観者はしんとして咳払いひとつしない。死刑の執行後、10分過ぎに同氏は頭を左右に3度揺らした。その後5分で絶命。（自由灯/M18/07/28他）

加藤民五郎　（年齢不明）　男性

・高利貸2人を8人が殺害
・明治18年8月15日に神奈川で死刑執行
・民五郎の他に、夏苅広吉・関野伊右衛門・守谷滝蔵・小島直次郎・小林浅五郎・相原文次郎・大原儀三郎の8名が1日のうちに処刑。（郵便報知/M18/08/16他）

宮下小平　（年齢不明）　男性

・強盗殺人

・明治18年9月2日に市ヶ谷（東京）で死刑執行
・死刑執行当日に執行予定時刻9時と報道される。実際の執行は9時15分だった。（郵便報知/M18/09/03他）

森田友蔵　（年齢不明）　男性
・殺人・強盗・強姦・脱獄など多数。共犯者は明治14年までに全て処刑
・明治19年2月15日に中之島（大阪）で死刑執行
・50歳位に見えるが、背が高く若者のような血色で、少しも怖れる様子はなく「死を惜しむ」という意味の一言を話して処刑される。（大阪朝日/M19/02/16）

三浦文治　（年齢不明）　男性
・加波山事件（自由民権運動の激化事件の1つ）
・明治19年10月2日に市ヶ谷（東京）で死刑執行
・70名余りが参観。7時45分に三浦文治が白紙で目隠しをされて仮りの監房を出て15歩程歩いて絞首台に登った。ガタンという音と共に吊り下げられ、18分間で死亡。次に小針重雄も同じく15分間で息絶え、最後に琴田岩松も14分で息が絶え、8時52分に全ての死刑執行が終わった。（読売/M19/10/03他）

保田駒吉　（年齢不明）　男性
・加波山事件。同日に、共犯の杉浦吉副と富松正安もそれぞれ栃木と千葉で処刑
・明治19年10月5日に山梨で死刑執行
・当日、死刑執行を言い渡された時、駒吉はにっこりとして微笑し、「時ならぬ/時に咲きたる/桜花/散るや桜の/花盛りかな」と辞世を遺し、刑の執行を受ける。死刑の参観は認められず。（灯/M19/10/06他）

岡村広吉 （年齢不明） 男性

・強盗、窃盗で10数回服役。そのたびに脱獄。最後に殺人
・明治19年10月7日に中之島（大阪）で死刑執行
・大罪を犯すだけに心身もたくましく、死刑執行のために堀川監獄から刑場に移送する途中で粗暴なふるまいがあった。死刑執行後の死体も両目を見開いて歯をくいしばり口を閉じて手足を伸ばし大の字状になっていた。死を憤っている様子が明らかにあらわれていた。（大阪朝日／M19/10/08他）

上中元吉 （35歳） 男性

・強盗殺人
・明治19年12月28日に中之島（大阪）で死刑執行
・刑場でも少しもおびえた様子はなく、辞世の和歌を声に出して唱えて心静かに死に就いた。死後の解剖をして医師の参考にして欲しいとも願い出ていたので、同日中に監獄内で解剖も行なわれた。（大阪朝日／M19/12/29）

新垣亀 （年齢不明） 男性

・殺人
・明治20年1月に死刑執行（官報には「同19年11月29日命令」とある）
・沖縄は琉球国王尚氏の時代から死刑を行なわなかった。殺人などの重大犯罪でも八重山島に放流するにとどめ、どのようなことがあっても人命を断つことは無かったが、沖縄県初めての死刑執行。（大阪朝日／M20/03/20）

鎌田徳 （30歳） 男性

・国立第17銀行への強盗殺人
・明治20年5月19日に中之島（大阪）で死刑執行
・共犯者の奥山重義と村井正次郎は堀川監獄で首をつって自殺。鎌田は共犯の古野次郎と同日処刑。（大阪朝日／M20/05/20）

林幸一郎　（年齢不明）　男性
・殺人
・明治20年5月21日に中之島（大阪）で死刑執行
・死刑執行の日、堀川監獄から刑場へ移送される時に兄弟と息子が面会に来たが、すでに出発の時間だったので許されなかった。しかし、幸一郎が看守に引かれて囚人馬車に乗る時に息子の顔を見ることができた。「おお、坊か。よう来てくれた。のう、決してこの父のように悪い事をせぬよう、立派に成人してくれよ」と涙ながらに述べた。囚人馬車に乗って刑場に着いて、死刑の執行を申し渡された。厚く今までの礼を言って絞首台に登った。（大阪朝日/M20/05/22）

清水定吉　（45歳）　男性
・日本初のピストル強盗殺人。窃盗多数
・明治20年9月7日に市ヶ谷（東京）で死刑執行
・絞首されて息を引き取るまで30分もかかったことは記録破り。（日本死刑史/S58/08/20/663〜664頁）

増原玉吉　（22歳）　男性
・殺人
・明治21年5月16日に堀川（大阪）で死刑執行
・刑の執行を受けるに先立って故郷の実母りの・弟六吉に送る一通の手紙を書く。「先立つ不幸の罪をただお許し下さい。また六吉は自分の死後、母に孝行尽くすよう、このことをよろしく頼む」。玉吉は持っていた30銭で寿司1箱、タイの切り身1切れ、ようかん1棹を買ってこれを現世の思い出に全部食べ尽し、看守らに礼を述べた後、静かに刑に就いた。（大阪朝日/M21/05/17他）

第1章　死刑囚104人の最期

幸寺治平　（37歳）　男性
・強盗殺人、放火
・明治21年6月16日に堀川（大阪）で死刑執行
・刑場に就く前に、瓜の奈良漬と白飯を乞い、これを茶漬にして食べた。辞世を3首。治平は染物商であった。「染物の原料の藍は立売堀5丁目田中清三郎方で買うように、同家は勉強してくれる商店で、大恩を受けた事もある。子供が成長したのちに必ず恩に報いてくれ」。（大阪朝日/M21/06/17）

吉松寿太郎　（年齢不明）　男性
・強盗殺人
・明治22年4月15日に堀川（大阪）で死刑執行
・刑場で看守に礼を述べて数十通の遺書を書いた。「ただ今、長逝の途に就きます。生前は無量の御厚情をこうむり、万々ありがたく存じ奉っております。なにとぞ、お幸せに、何事もなくお過ごしを。また、ますます御努力されますようにお願いいたします。高知県平民　吉松寿太郎」筆跡は普段と変わりなく、立派なものであった。（東雲/M22/04/16他）

津久井すぎ　（41歳）　女性
・離婚に関して実母と争って殺害
・明治24年8月22日に市ヶ谷（東京）で死刑執行
・死刑を言い渡されたすぎは、手すりにすがりついて看守らに「旦那様、御免なさい」と一声高く叫んだ。涙が泉のように流れ、立ち上がることもできなかった。付き添いの看守が様々に説き聞かせて馬車に乗せ、刑場のある市ヶ谷監獄署へ送った。すぎは即日死刑に処せられた。（読売/M24/08/26）

高橋徳蔵　（36歳）　男性
・強盗殺人
・明治25年6月7日に高松（香川）で死刑執行

・従来の教誨の効果が著しく、最後の教誨で微笑んで、ただ、これから仏土に趣くのを楽しんでいるかのようであった。他の囚人にいちいち丁寧な別れのあいさつをするなど、立ち会いの看守も深く感動した。辞世2首「高橋に/御法（みのり）の水の/流れ来て/徳に洗うて/濁り去りけり」「盗人の/種播く者は/無けれども/酒と賭博が/元となるなり」。（読売/M25/06/12）

長島高之助　（年齢不明）　男性
・強盗殺人
・明治26年7月27日に市ヶ谷（東京）で死刑執行
・「死ぬ前に申し上げたい重大な事があるので、死刑を3日間御猶予を願う」と声を放って号泣してその場を全く動かなかった。看守が引き立てて刑場に引き据えて死刑を執行したが、ロープから1度だけでなく2度まで外れて地上に落ちた。3回目で死亡。2度外れたのは例がないと老看守が述べる。（読売/M26/08/01）

尾崎留吉　（年齢不明）　男性
・9人斬り
・明治27年7月19日に奈良で死刑執行
・何か言い遺すことはないかと問われて、留吉は微笑んで、「もとより大罪を犯した身で遺言もないが、ただ永々と皆様方の御厄介になったお礼を申し上げます」と言って、死に就いた。（読売/M27/07/23他）

榊原友諒　（年齢不明）　男性
・2名を殺害し放火
・明治27年9月24日に市ヶ谷（東京）で死刑執行
・控訴のための預納金を納められず、控訴を取り下げて死刑執行。遺骸は妻はなに引き渡された。（朝日/M27/09/25）

第1章　死刑囚104人の最期

今井ふじ　（63歳）　女性
・金銭のもつれから娘横矢あさと謀って息子の恋人を殺害
・明治28年8月5日に市ヶ谷（東京）で死刑執行
・母娘が同日に死刑執行。（朝日/M28/08/08）

能智八太郎　（年齢不明）　男性
・久万山の7人斬殺
・明治28年10月30日に松山（愛媛）で死刑執行
・「もはや、この期になっては遺言する事もありませぬ」と言って午前8時50分、平然と死に就いた。（朝日/M28/11/03）

斎藤甚吉　（27歳）　男性
・強盗殺人ほか多数
・明治29年9月3日に根室（北海道）で死刑執行
・軍・警察関係者以外に、検事の許可を得た者30名ばかりが参観。甚吉は絞首台の上で以下のように述べた。「私は罪という罪、悪事というあらゆる悪事を犯してきました。父母の大病の時にも家に寄りつかず、兄弟や親戚にも人の道を尽くしたことはなく、いつも彼らを苦しめた事だけでした。私は殺人罪の大罪人です。死はもともと当然の事です。私は畏れ多くも天皇陛下の大命によって宣告・執行されるこの極刑について怨み事を言う理由はありません。私のような大悪人の1人を殺すのは他の平和に暮らす4000万人の生命・財産を守るためで、私が死に値するのは当然の事です。誰も怨んだりしません。私は、自分の罪悪が世の人に迷惑をかけたことを深く懺悔します」。辞世3首。その後、死刑執行。看守が甚吉の立つ床板を開けて、甚吉は絞首台の下に吊り下げられた。しばらくして絞首台で首が絞まった状態でわずかに動くことが数回。苦しいか、楽なのか他人には分からない。5分間で全く絶命して斎藤甚吉はこの世の人でなくなった。（読売/M29/09/15）

塩沢安太郎　（27歳）　男性
・親殺し
・明治31年3月11日に死刑執行
・立会検事は安太郎に向い、「死刑執行の上は、刑法16条に依り死体は親戚または友人の内、いずれなりとも引き渡すが、望みの者を申し立てなさい」と言った。安太郎は、ハラハラと涙を流して言った。「御親切なお言葉ありがとうございますが、このような大罪を犯した者をどこでも快く引き取る者はおりません。もし引き取ってくれる好意があっても、自分は死んだ後でもその人に顔を見られるのは恥しく思います。御執行のあとはどこへでもお取り棄て下さい」。（朝日/M31/03/12他）

山本充太郎　（28歳）　男性
・実母殺し
・明治31年9月26日に市ヶ谷（東京）で死刑執行
・小肥で壮健の男なりしが8分間にて絶息した。（朝日/M31/09/27）

金子民蔵　（26歳）　男性
・殺人
・明治31年11月8日に死刑執行
・死刑執行の言い渡しを受けた時、黙り込んで一言も発することができず、深く悔いる様子だった。（朝日/M31/11/09）

酒巻屋寿　（年齢不明）　女性
・殺人
・明治32年3月29日に市ヶ谷（東京）で死刑執行
・死刑の執行を言い渡すと、狂い出し、人々をねめ回して言った。「何です。死刑ですと。何故、私が死刑にされます。孫次郎を殺したのは、さっき申し上げました通り、私ではなく八幡でございますよ。それを何だ探偵めが

人をだまして。こんな所へ連れて来やがって殺すというのは一体全体何という事でございます。ハイ。私は死ぬのは嫌でございますよ」。暴れ狂うのをやっと絞首台へ登らせて午前9時20分執行。同53分に死体を親戚に引き渡す。（朝日/M32/03/30）

黒田水精　（46歳）　男性

・殺人。妻の華尾とともに従弟を殺して金を奪う。僧侶

・明治32年4月12日に名古屋（愛知）で死刑執行

・少し用事があるのでと水精を呼び出し、死刑の執行を告げる。水精はブルブルとふるえて立ちすくんで動けなかった。絞首台に登らせて、首にロープをあてようとすると、水精は声をふるわし、「ちょっと待って下さい」と2、3回くり返し、「南無阿弥陀仏」と念仏を唱え（この間1分間）、死刑執行。20分後に華尾を呼び出す。獄中で出産した子供（3歳）と房内にいっしょにいたので、子供を外に出して、死刑の執行を告げるが、「かしこまりました」と平然と答えた。絞首台に登る直前に「ちょっとお待ち下さい。小便が…」と頼むが許されず、死刑執行。子供は華尾の実母に引き取られた。（朝日/M32/04/13他）

大貫平造　（38歳）　男性

・強盗、強姦、殺人、放火

・明治32年4月29日に横浜（神奈川）で死刑執行

・教誨師は平造に向って「念仏を唱えろ」と言ったが、平造は「前の晩に唱えた」と言ってこれに応じなかった。首に縄がかかった時「なるべく具合の良い所に縄を廻してくれ」と言って、落ちついて死に就いた。（朝日/M32/04/30）

小高いく　（30歳）　女性

・粗暴な性格で妻子を過酷に扱う父を妻・長女いく・次女よねが殺害

・明治32年6月8日に浦和（埼玉）で死刑執行
・長女のみが死刑。死刑の執行を言い渡されたが、いくは執行の何たるかを知らず、「どうするのですか」などと聞いていた。刑場に出るに及んで初めてそれと知り、顔色を変えて身ぶるいをしていたが、最後は覚悟を決めて落ちついて死に就いた。（朝日/M32/06/10）

椿本政吉　（28歳）　男性

・白昼の強盗殺人犯
・明治32年8月16日に死刑執行
・死刑執行の当日、刑場に出る前に、スイカ3切を舌つづみを打って食べ、遺書を書いた。刑場に出ると目隠しをしないで自分で絞首台に上り、「けふの日の/暮れるとばかり/鐘きけど/身の入相を/知る人もなし」と口ずさんだ。しかし、いよいよロープが首にかかった時、「もっと強く絞めてくれ」と絶叫した。（朝日/M32/08/20）

ロバートミラー　（年齢不明）　男性

・日本人1人、米国人3人に対する殺人
・明治33年1月16日に市ヶ谷（東京）で死刑執行
・初の米国人に対する死刑執行。特別扱いで前日に死刑の執行を告げられた。前日にエバンス牧師の教誨を受ける。看守に礼を言って定刻に寝るが、時おり大きく息をもらしていた。翌朝はパン1斤と牛肉などを与えられたが、悠々とこれを食べた。エバンス牧師同行で馬車で刑場のある市ヶ谷監獄署に移動。エバンス牧師に本国の親友への遺書を託す。エバンス牧師が「必らず渡す」と言うと、ミラーは感激して牧師や看守と握手した。目隠しの下から涙が流れていた。看守に導かれて絞首台に上がり死に就いた。執行前に「自分は海外に来て大罪を犯したが、死後は神の片側に至り、来世は立派な者に生まれ変わる」と看守に述べた。（朝日/M33/01/17）

黒田健次郎　（年齢不明）　男性
・強盗殺人
・明治33年2月17日に市ヶ谷（東京）で死刑執行
・予納金の免除を許されず、控訴できなかった（この制度は明治33年3月で撤廃）。刑の執行の時、ひたすら怨み事を述べ、泣き倒れたりして看守に非常の手数を煩わした。（朝日/M33/02/18）

坂本啓次郎　（年齢不明）　男性
・稲妻強盗と呼ばれる。罪状多数
・明治33年2月17日に市ヶ谷（東京）で死刑執行
・死刑執行を伝えられても落ち着いて看守に礼を述べた。辞世「かねて散る/花と思いは/知りつつも/今日の今とは/思わざりけり」「悔ゆるとも/罪のむくいは/逃げざれば/あしき名をこそ/後にのこせり」（読売/M33/02/18他）

傍島次郎吉　（年齢不明）　男性
・父を殺した。
・明治35年3月12日に市ヶ谷（東京）で死刑執行
・刑場で教誨師は最後の教誨を行なおうとしたが、次郎吉はこれを辞退した。「今までに多く教誨を受けた身なので拝聴するにはおよびません。ただ、ねがわくば、橋爪おあかに自分の死後の回向を頼んで下さい。この事は既に手紙で申し送りましたが、さらに先生にお願いします」と沈んだ声で言って静かに絞首台に上った。午前9時25分死亡。（朝日/M35/03/13）

等々力音三郎　（39歳）　男性
・父を殺した。
・明治35年5月21日に市ヶ谷（東京）で死刑執行
・絞首台に上ってもなお、「父の杢八を殺したのは自分ではない。全く証人のために陥れられた」と言い続けた。午前9時10分執行。（朝日/M35/05/22）

内田市之助　（40歳）　男性
・強盗殺人
・明治35年10月10日に市ヶ谷（東京）で死刑執行
・身ふるえ足なえて罪を悔いる様子があった。死刑執行の直前に教誨師に向かって言った。「こうなっては別にこの世に言い遺す事もありませんが、心にかかるのは17歳の長女おこんと14歳の長男吉次郎の2人の子です。この2人の子に『決して悪い事をするな。父のような不心得の者になるな。後の回向を頼む』とのことを伝えるよう、どうかお願いします」と言って絞首台に登った。（朝日／M35/10/11）

榊原末吉　（32歳）　男性
・母を殺した。
・明治35年12月24日に市ヶ谷（東京）で死刑執行
・死刑の執行を前に、「少し言い遺したい事があるので1日死刑の執行を待って欲しい」と哀願して立とうとしなかった。教誨師が厚くこれを諭したが、「それならば夕方まで延ばしてくれ」とオイオイと泣き出して絞首台へ上がらなかった。暴れ回るのを看守が絞首台へ引き立てて死刑を執行した。17分間で落命。（朝日／M35/12/25）

五月女松太郎　（30歳）　男性
・強盗と放火。吉越忠吉と共犯で同日処刑
・明治36年1月7日に市ヶ谷（東京）で死刑執行
・松太郎は、「この絞首台は別の事件で服役していた時に自分が作ったものです。自分が大罪を犯して今日この絞首台の露と消えるとは思いもかけない事です」と言って刑に就いた。その後で忠吉が処刑。（朝日／M36/01/08）

石井澄蔵　（39歳）　男性
・強盗殺人。石井弥吉、井上仙吉が共犯で同日執行

・明治36年5月26日に市ヶ谷（東京）で死刑執行

・最後に執行を受けた澄蔵はしきりに八王子警察の悪口を言い放っていた。（読売/M36/05/27）

原田勝次　（57歳）　男性

・親殺し

・明治36年6月24日に市ヶ谷（東京）で死刑執行

・色を失ない、体が綿になったように全く力が抜け、ただふるえて人心地を覚えないような様子であった。（朝日/M36/06/25）

沼野彦太郎　（30歳）　男性

・強盗殺人

・明治37年1月22日に市ヶ谷（東京）で死刑執行

・「遺言の必要はありません。自分は元々強盗をするつもりなどはなかったが、情を交わした相手と夫婦となる約束があって金の必要ができて、ついに大罪を犯してしまいました。犯行の後は死刑の覚悟をしていました。再審を申し立て、判決から7ヶ月生き延びられたので満足です」。9時40分に絞首台に登り、同53分に死亡。（朝日/M37/01/23）

久保鶴太郎　（60歳）　男性

・強盗殺人

・明治37年7月30日に市ヶ谷（東京）で死刑執行

・「もはや言い遺す事はありませんが、今年で80歳の両親がいまなお存命です。できるならば、この執行のことだけは両親の耳に入らないよう御注意願えればと思います」。（朝日/M37/07/31）

鳥居亀吉　（31歳）　男性

・3人殺害

・明治37年8月12日に市ヶ谷（東京）で死刑執行

・「この世に思い遺すことはありませんが、ただ日露戦争の結果を見ないで死ぬのはいかにも残念です」午前8時41分執行を始め、同53分死亡。（朝日/M37/08/13）

関恒夫　（24歳）　男性

・強盗5人殺人

・明治37年8月24日に市ヶ谷（東京）で死刑執行

・「犯人は自分ではない」と言い続けた。午前8時執行。（朝日/M37/08/25）

西条浅次郎　（27歳）　男性

・放火

・明治37年10月19日に市ヶ谷（東京）で死刑執行

・「もともと覚悟しております」悠々と絞首台に登った。午前8時20分執行。（朝日/M37/10/20）

須藤亀三郎　（46歳）　男性

・強盗殺人

・明治38年2月15日に市ヶ谷（東京）で死刑執行

・亀三郎は絞首台に登ると同時に看守に向って「一首辞世を詠みたいのでしばらくお待ち下さい」と言って、顔を下に向けて考え込んだ。しかし、死を間近にして心が動転しているため、上の句の「宵のうち/都の空に/迷うらん」と口に出したのみで、口ごもってしまった。何回も上の句を口にして当惑している様子であった。看守は余りに時間がかかるので、もはや辞世は終わったと見なして死刑を執行した。（朝日/M38/02/16）

大寺ヌイ　（49歳）　女性

・情夫と供に夫を殺す。大阪屈指の資産家大寺家の娘

- 明治38年8月24日に堀川（大阪）で死刑執行
- 「私は死は覚悟の上ですが、家の事が…」と小声を発したのが最後。7時50分に執行。8時8分絶命。（朝日／M38/08/26）

松岡政吉　（21歳）　男性

- 強盗殺人
- 明治39年3月17日に仙台（宮城）で死刑執行
- 非を悟り「宝よせ」「三年余」と題する2つの冊子を書く。良心の呵責を受けた跡が歴然としていた。死刑の執行にあたって全く恐れる様子はなく、辞世めいた2首を口にする。「死するとは／如何なることを／言うならん／毎夜眠ると／変わることなし」「渋柿も／取って棄つれば／益もなし／干したる後の／風味見られよ」。午前8時21分執行。（朝日／M39/03/19他）

中川万次郎　（年齢不明）　男性

- 大阪堀江の6人斬り
- 明治40年2月1日に死刑執行
- 生前に、大阪医学校より解剖の申し入れがあり、万次郎は「医学界に貢献するのは望むところです。せめてもの罪ほろぼしです」と言って承諾した。解剖の結果、日本人にはまれなほど体格がよく、腕の上腕二頭筋、胸の大胸筋は普通人の倍ほどあった。5人や10人殺すのは簡単だろうと思われた。（朝日／M40/02/04）

武林男三郎　（29歳）　男性

- 薬屋強盗殺人・殺人2件（すべて無罪主張。薬屋強盗殺人事件のみ有罪）
- 明治41年7月2日に市ヶ谷（東京）で死刑執行
- 7月1日に千家司法大臣より、男三郎の死刑執行命令が出た。7月2日6時30分、男三郎は死刑の執行を言い渡されたが、「死刑執行」という一言を耳にしたその瞬間びくりと体をふるわせて、少し顔色を変えただけで、すぐ

に元通りの平然とした様子になった。男三郎が感情を抑えるのに巧みなのは、ほとんど持って生まれた才能である。

　男三郎は許可を受けて手紙を何通か書くために筆をとった。それを書き終わった頃、典獄（所長）が15銭の上等弁当を差し入れた。おかずはアジとイカの煮付に香の物が添えてあった。男三郎はこの世の名残りの食い納めに飯粒1つ残さず食べた。

　午前8時、典獄が、花井・小川・斉藤の3人の弁護士の中から1人死刑執行に立ち会うよう電話した。9時20分頃、斉藤弁護士が監獄に着いた。

　看守室で男三郎と典獄、斉藤弁護士の3人が話すことになった。男三郎はにこにこしながら、斉藤弁護士に「永々お世話になりましたが、いよいよ本日刑に就きます」と言った。しばらく話した後に辞世を詠むと言って「おしからぬ……エートおしからぬ……」とくり返して後の句を考えていたが、どうしてもできない。横にいた典獄がちらっと時計を見たので、男三郎はそれと察してぴたりと話をやめて「さあ刑場にまいりましょう」と言った。そして「これが最後のお別れです」と言って斉藤弁護士と握手した。男三郎は服を浅黄の紋付に着更えた。そして「私は強盗や殺人犯と共に監獄の墓地で死骸を埋められるのは本当に嫌です。真言宗の寺に葬って下さい。これが最後のお願いでございます」と言った。

　看守室を出ると10名程の看守があらわれた。男三郎は手錠と腰縄を嫌がって「それだけは許して下さい」と言った。結局、9時30分手錠だけはしないでしとしとと降る雨の中を刑場に向かった。同38分に死刑が執行され、同53分に絶命。

　この日、男三郎の前に、巡査2人を殺害した加瀬利八の死刑執行もあった。男三郎と同じ弁当にちょっと箸をつけたきりで、親兄弟に送る手紙を弁護士に代書してもらうよう依頼した。「遺言なんざあ、ごぜえません」と言って9時10分絞首台に上り、12分間で絶命。（読売/M41/07/03）

鈴木芳太郎　（37歳）　男性
・強盗殺人
・明治41年8月4日に東京で死刑執行
・「今さら何も申し上げることはありませんが、わずか60銭を盗むために老婆を殺し、死刑になっては先祖や両親に恥しい。もう少し大きなことでもしていたならば、諦めもつくのだが…早くやって下さい」。（読売/M41/08/05）

金在同　（33歳）　男性
・強盗殺人
・明治41年8月26日に長崎で死刑執行
・見苦しい最後を遂げた。（朝日/M41/08/28）

大久保時三郎　（37歳）　男性
・殺人
・明治42年4月23日に東京で死刑執行
・「他にも2件殺人を犯している」と称してその取り調べを要求して死刑の延期を図ったが、相手にされなかった。死刑の執行を告げられると、ぶるぶると体をふるわせて顔色を変えた。会う人ごとに「長々と御厄介になりました。さようなら」とあいさつをした。最後の入浴と食事を終わり、9時40分監獄を出て、同41分東京監獄の絞首台に登り、同50分死亡。（読売/M42/04/24）

小滝恵比之助　（32歳）　男性
・娘と結婚して養子に入った先の養父母を殺害
・明治43年2月4日に東京で死刑執行
・最後までの妻子の事のみを言い続けた。16分間で絶命。（朝日/M43/02/05）

岩本初三郎 （31歳） 男性

・強盗殺人
・明治43年2月15日に東京で死刑執行
・上告したが、期日を経過していたため、無効を宣告された。死刑執行の前に「もう一度上告させて下さい」と嘆願する初三郎を看守が無理に絞首台へ押し上げ。9時30分に執行。同45分に絶命。（読売/M43/02/16他）

清沢穀太郎 （32歳） 男性

・豪農田中おてい方へ押入り5人殺害
・明治43年6月21日に東京で死刑執行
・「この期におよんでは、もはや何も言うべき事なし」（朝日/M43/06/22）

横張作次 （35歳） 男性

・小作人団体の長で反対派の地主とその家族を殺害。共犯の矢口為三郎と同日執行
・明治43年12月13日に東京で死刑執行
・為三郎は9時20分に絞首台に上り、同34分絶命。作次は「残る妻子をよろしく」と遺言し、同50分に絞首台に上がり、10時9分絶命。作次のように19分も要したのは前例がない長時間である。（朝日/M43/12/14）

岡戸房太郎 （59歳） 男性

・36歳下の女性との結婚を中止させた夫婦と長男を殺害
・明治43年12月20日に東京で死刑執行
・みかん10個を求めて、それを全部食べた。午前9時45分絞首台に上がり、同58分絶命。（読売/M43/12/21）

幸徳伝次郎 （年齢不明） 男性

・大逆事件

- 明治44年1月24日に東京で死刑執行
- 東京監獄署で明治44年1月24日午前中に幸徳伝次郎、管野スガ（注：管野は実際は25日に執行）、新実卯一郎、内山愚童、奥宮健之、古河力作、森近運平、松尾卯一太が執行、午後に宮下太吉、新村忠雄、大石誠之助、成石平四朗が処刑。幸徳が19日に書いた最後の手紙「まずは善人栄えて悪人滅ぶ。めでたし、めでたしの大円団で、僕も重荷を下したようだ。今日は気も心ものびやかに骨休めしている。これから数日間か数週間か知らぬが、読めるだけ読み書けるだけ書いて、元素に復帰する事にしよう。一切、人の世の面倒な義務も責任も是で解除となるわけだ。ただ、覚悟のなかった大勢の被告、ことに幼ない子供のある人や、世間を知らない青年などはいかにも気の毒でならないが、しかしどうする事も出来ない。難破船にでも乗り合わせたとでも思ってあきらめてもらうほかはない。君も出来るだけなぐさめてやってくれ。一粒の塵、一本の毛のような生涯も全く意義のないものではあるまい。また何かの因縁になるのだろう」。（朝日/M44/01/25他）

竹内徳蔵　（24歳）　男性
- 雇主夫婦を雇人2人が殺害。徳蔵のみが死刑
- 明治44年4月12日に東京で死刑執行
- 「たびたび親兄弟にも面会し、今は思い残す事はありませんが、天罰の恐ろしさはつくづくと身に感じました。どうか私に代わって主人夫婦の墓参りを願いたい」と泣きながら述べる。（朝日/M44/04/14）

岩上洪治　（20歳）　男性
- 盗みに入った所を見つかり強盗殺人
- 明治44年7月13日に東京で死刑執行
- 犯行時未成年で、死刑を執行されたのは、法律制定以来これが最初である。洪治は執行の際に一目母に会いたいと、しきりに「お母さん」と呼び叫んで泣いた。8時11分絞首台に登らせ同24分絶命。（読売/M44/07/14）

氏名不明　（年齢不明）

- 木名瀬礼助看守の論文に出てくる死刑囚2人
- 死刑執行（年月日不明）
- 死刑を執行するにあたって、私は指揮・監督の立場で部下の執行者に現場で殺事を行わせた。その時の様子は、いくら職務であっても指揮者（である私）の部下たちの顔色は蒼ざめて、むしろ受刑者よりもかえって弱気になっているありさまだった。私も、言うまでもなく、この惨刑を執行する現場では惻隠・同情する気持ちが強くなったけれども、この場合、弱気を見せることは許されなかった。私は自ら進んで剛胆さをふるいおこし、虚勢を張って絞首台の上下周囲の者を指揮・監督した。予定通り首にロープを掛け、受刑者の立つ踏板を外した。受刑者が落ちると同時に思いもよらなかったことだが、ロープが中間で切れて受刑者が下に落ちて地面に倒れた。この予想外の出来事に際して、執行吏はもちろん、立会官もいっしょになって一時、呆然となってどうしたら良いのか分からなかったが、間髪を入れず対応すべき機会であり、一刻一秒も躊躇すべき時ではなかったので、私は自らその現場へ飛び込んで、受刑者の首に残っていた切れたロープを締めた。一方でそれを絞首台の上に結びつけて、更に釣り上げ、やっとのことで執行を終了した。ああ、この間の無惨・残酷については、今話すのであっても戦慄の思いを強く感じてしまう。

　また、強盗殺人犯の死刑を執行した時の話である。ちょうど、執行命令が出たため刑場の準備をしていた。罪人に死刑の執行命令が出たことをまだ伝える前に、罪人から再審申立をしたいと申し出があった。もはやその余地はなく、既に死刑執行命令が出ている事を罪人に話して聞かせた。彼は大変な憤懣をもって苦情を唱え、死刑の執行を容易に受け入れようとはしなかった。さらに教誨師から丁寧に話してもらったが、彼は頑として不当であると主張し、全く考えを変える様子がなかった。そこで止むを得ず強制的に彼を絞首台へ引き連れていった。その時の状況で私は狂牛を引いて屠殺場へ行かせるような気持ちになった。

このような事例について、これを職務上の当然の行動であると言う者がいるのであれば、私は語る言葉を失ってしまう。

　そもそも死刑の宣告のあと執行に至るまでの間、数ヶ月もしくは数百日間、監獄が直接担当して拘置し、監獄の官吏は平素接して話をし、法律規則の許す限り保護を加え、あるいは教誨をするなどしている。慣れるに従って自然と愛憐の情が深くなるのは人間の情としてあたり前である。それなのにいったん命令があれば、その者の死刑の執行を行うにあたって、前述のような大胆・勇気をふりしぼってその任に当るためには、俗に言う「昨日の仏、今日鬼」とならざるを得ない。（監獄協会雑誌M40/02/20）

第 2 章

最高裁判所への意見(1)
本当に絞首刑は残虐な刑罰ではないのか？

　弁護人は上告趣意書を2009（平成21）年 3 月31日付で最高裁に提出し、同年 8 月31日付で字句の誤りなどを訂正しました。本書ではさらに、他の書類との表記の統一などの修正を加えました。

　この上告趣意書のポイントは 2 つです。

　1 つ目は、日本の絞首刑は、死刑囚の首を切断するおそれがあるから、残虐な刑罰を禁止した憲法36条に違反するということです。

　2 つ目は、死刑囚の首が切断されるのであれば、それは絞首刑とはいえないから、法律に定められていない刑罰であるので、何人も法律の定める手続によらなければその生命を奪われないとした憲法31条に違反するということです。

　上告趣意書提出の時点では、日本の絞首刑で首が切断された例を見つけることができませんでした。そのため、海外の絞首刑で首が切断された例を指摘しました。また、現在オーストリア法医学会会長であるヴァルテル・ラブル博士が1995年に書いた論文をもとに、理論上、日本の東京拘置所の刑場で行われる絞首刑で、首の切断が起こり得ることを示しました。

　さらに、日本の絞首刑は1870（明治 3 ）年新律綱領で定められた絞刑と同一であることを示し、絞刑の定義として、首を切断しないこと（「猶ホ其體ヲ全クス」）があげられていることを述べました。つまり、首が切れることがあれば、いくら形の上で首をロープで絞めていても、日本の法律の定める絞首刑ではないのです。

上告趣意書

上告趣意書

2009年3月31日

最高裁判所第二小法廷　御中

　上記被告人に対する頭書被告事件について、上告の趣意は以下のとおりである。

第1点　原判決には憲法違反ないし憲法解釈の誤りがある

　原判決は、死刑が生命権の尊重を定めた憲法13条、適正手続によらなければ生命を奪われることがない旨を定めた同31条、及び残虐な刑罰を禁止した同36条に違反しないとした一審判決を追認した（原判決82頁）。しかし、死刑は憲法31条、同36条に違反し、その適用も憲法に違反する刑事手続としてそれ自体が違憲であるから、原判決は刑事訴訟法410条1項により破棄されるべきである。

第1　憲法36条違反

1　わが国の死刑は受刑者の頭部を離断（断頭）する残虐な刑になりうるので憲法36条に違反する

（1）絞首刑は受刑者の頭部を離断する可能性がある

　ア　絞首刑の基本的方法

　現在、絞首刑は、それを採用している国や軍隊などの多くで、死刑を執行される者の頭部に上方から下げた絞縄をかけて、その者を落下させ、絞縄で空中に吊り下げる方法（以下「落下式の絞首刑」もしくは単に「絞首刑」と記す）

によって行われる（以下「死刑を執行される者」「頸部」「絞縄」をそれぞれ「受刑者」「首」「ロープ」と記す場合がある）。この方法は、19世紀後半に各国で採用が始まって以来、基本的な点で大きな変更もなく、現在も用いられている。わが国も明治6年以来、現在に至るまで落下式の絞首刑を採用している。

イ 頭部離断の存在と実例

ところで、上記の方式で死刑を執行すると、落下直後に受刑者の頭部が完全に離断されたり、完全ではなくともそれに近い状態まで離断される場合がある。世界各国でその例が報告されている。わが国と同じ落下式の絞首刑を過去に採用していたかもしくは現在採用している国での実例をいくつかあげる。

1942年5月1日、米国カリフォルニア州のサン・クエンティン刑務所でロバート・ジェームズことメージャー・リゼンバーが死刑を執行された。当時、同刑務所長であったクリントン・ダフィはその著作に次のように記している（クリントン・T・ダフィ『死刑囚』〔サンケイ出版、1978年〕原題「88MEN AND 2WOMEN」）。

「この死刑に関するあなたの感想を発表してください」

一人の記者が聞いた。

「わたしは、カリフォルニア中の人が、みな処刑の光景を見たらよかったと思う。リゼンバーの顔から、ロープのために肉がもぎ取られ、半ばちぎれた首や、飛び出した眼や、垂れ下がった舌を、みんなが見たらよかったと思う。宙ぶらりんに揺れ動く彼の脚を見たり、彼の小便や脱糞や、汗や固まった血の臭いを、みんなが嗅いだらよかったと思う」

だれかがあえぎ、一人の記者がつぶやいた。

「所長、そんなことは活字に出来ませんよ」

「出来ないのは分かっている。しかし出来たら、みんなのためになる。州民たちに、彼らの指令がいかに遂行されたか正確に知るのに役立つ。かつて死刑に票を投じた陪審員全部、かつて宣告を下した裁判官全部、私たち皆に、この苦しい試練を通り抜けることを余儀なくさせる法律の通過を助けた立法者全部は、今日、わたしと一緒にいるべきだった」

私は、前にいる蒼白な顔の円陣をぐるりと見回した。さらに前へ乗り出

して言った。

　「諸君、これがわたしの感想だ。これはわたしの生涯で最も恐ろしい経験であったし、二度と繰り返さないようにと神に祈るだけだ。あとは何も言うことはない」（14〜15頁）。

1962年12月11日カナダ・トロントのドン刑務所でのアーサー・ルーカスの例を「最後の死者　ロナルド・タービン、アーサー・ルーカス、そしてカナダの死刑廃止」（ROBERT J.HOSHOWSKY「THE LAST TO DIE　RONALD TURPIN, ARTHUR LUCAS, AND THE END OF CAPITAL PUNISHMENT IN CANADA」DUNDURN, 2007年）から和訳して、引用する。なお、アーサー・ルーカスと同時にロナルド・タービンも絞首刑を執行されている。

　「何か言いたいことがあるか」と絞首刑執行人が聞いた。「ない」というのが2人の答えだった。それからエヴァリットは、自分が過去10カ月以上にわたって助けてきた2人に対して、別れのあいさつを告げた。「天国で会おう」教誨師は2人の頭に黒いフードがさっとかけられた時に言った。絞首刑執行人がフードで覆われた2人の頭と首にロープをかけたときに、ルーカスは静かにすすり泣いて、エヴァリットは詩篇23を朗読し始めた。……（中略）……

　絞首刑執行人が仕掛けをばねで動かして彼らが死に向かって落下していくと同時に、処刑台の床が、部屋中に反響する耳をつんざくばかりのすさまじい音を出して、彼らの足の下に落ちた。絞首刑に立ち会った者は誰もその夜にあった事を長年にわたって明らかにしなかった。当時の新聞は何もかも書いたわけではなかった。「絞首刑は不手際だった。タービンはきれいに死んだが、ルーカスの頭はすぐに引きちぎられてしまった。ルーカスの頭は首の腱だけでぶら下がっていた。床中に血が広がっていた。絞首刑執行人がルーカスの体重の計算を間違えたんだ。何という死に方だろう」。エヴァリットは何年も後、彼が亡くなる直前に発表されたインタビューの中で述べた。……（中略）……

　「誰もが、血しぶき、文字通り水道管が破裂したような恐ろしい出血にあっけにとられていた。壁には血が吹きつけられていた」その寒々とした

12月の夜にターピンとルーカス2人の絞首刑に立ち会ったトロント警察の殺人課の刑事ジム・クローフォードは述べた（178〜181頁）。

2007年1月15日イラク・バグダッドでのサダム・フセインの異父弟バルザン・イブラヒム・アル＝ティクリティの例をニューヨークタイムズ紙の記者ジョン・バーンズの報告から引用する。イラク政府は、ティクリティの頭部を故意に離断したのではないことを示すために、その死刑執行のビデオを限定して公開した。バーンズ記者はイラク政府からこのビデオを見せられたジャーナリストのうちの一人で、以下は米国CNNのインターネットサイト上で放映されていた同人へのインタビューの一部を和訳したものである（なお、下記には訳出していないが、バーンズ記者によると、ティクリティの体重は約170から175ポンド〔77.1〜79.4キログラム〕である）。

　まず最初に、このビデオテープは、1回だけ上映すると言われました。携帯用カメラで撮影したサダム・フセインの絞首刑の模様が流出した騒ぎの後、イラク政府は、この失敗した絞首刑が、インターネットに流出して、特に中東全域で、何度も再生されることがないよう固く決心しました。

　3分間のビデオは、……残酷で……、どの死刑執行でもそうでしょうが……おびえた2人……ひどくおびえた2人が、グァンタナモ収容所のスタイルのオレンジ色のつなぎを着て、踏板の近くに立っていました。黒いフードを頭にかぶせられて……2人は……ムファムジハーダ（訳注：明確に聞き取れず意味不明）……死を前にした祈り……唯一の神の他に神はなし……を唱えていました。そして、落ちました。

　フセイン氏の下で秘密警察の長官であり、その異父弟でもあるバルザン・イブラヒム・アル＝ティクリティ氏は、決められた通りに8フィート（2.44メートル　弁護人注）……それだけ落下した時……彼の頭はあっという間にちぎれてしまいました。……カメラはそれから……前に進んで絞首台の下の穴の中をのぞき込みます……そこで彼がうつぶせになっていたのですが……頭がなくて……首のあたりに血だまり、彼の頭は黒いフードの中にあるままで、彼の後ろの……穴の中にありました。……何が起きたかというと、イラクの役人が、今回は一生懸命に努力して、上手くいって

いたのですが、落下表と絞首刑執行人が呼ぶ箇所で失敗したようでした。この中肉中背の男性は落とされた距離が長すぎて落下速度が大きくなりすぎたのです。

　ウ　頭部離断が起こる理由

　このような現象が起こる原理は以下のとおりである。

　受刑者は落下式の絞首刑でロープが伸び切るまで落ちると、首にかかったロープで宙吊りとなる。受刑者の落下は突然止まるが、その衝撃はロープがかかっている首に集中する（詳しく言うと、首には上下方向に引っ張る力が瞬間的にかかる）。首にかかる力は、体重が重いほど、あるいは落下する勢いが強い（落下速度が速い）ほど大きくなることは明らかである。このうち落下する勢いは、落下距離が長いほど大きくなる。つまり、体重が重く落下距離が長いほど受刑者の首にかかる力は大きくなる。この力が弱ければ首には致命的な損傷が起こらず、受刑者は、数分もしくはそれ以上の時間をかけて窒息死することとなる。首への衝撃がある程度強ければ、受刑者は頭部が離断されることはないものの、その体内において頸椎の骨折、脊髄の切断、及び首の動脈の損傷など（後述、ラブル博士らの論文中の「内的な頭部離断」）が起こり死亡することとなる。首にかかる力が首全体が耐えうる許容範囲を超えた場合に、いわば引きちぎられて頭部が離断されるのである。

　上記したことに関して、例えば、『死刑に関する英国審議会（1949～1953）報告書』（HER MAJESTY'S STATIONERY OFFICE「ROYAL COMMISSION ON Capital Punishment 1949-1953 REPORT」1953年）に以下のような記載がある（247頁、段落703）。

　　他にも不都合な出来事があった。ときおり、過度に短い落下距離を与えられた者はゆっくり絞殺されて死亡し、また過度に長い落下距離を与えられた者は頭部が切り落とされた。

　エ　頭部離断に関する科学的研究

　同様の原理で、高所からの飛び降りを伴う縊頸自殺（以下「首つり自殺」と記す場合がある）でも自殺者の頭部が離断される場合がある。

　例えば、オーストリアのインスブルック大学のヴァルテル・ラブル医学博士

らの論文「Erhängen mit Dekapitation Kasuistik - Biomechanik（頭部離断を伴った縊死　事例報告、生体力学）」（犯罪学雑誌195巻31〜37頁、1995年）には、自験例及び文献から以下のような事例が挙げられている。

体重	紐の長さ	完全離断か否か	紐
85kg	3 m	不完全	牛皮13mm
不明	不明	完全	鋼線5 mm
不明	2.5m	不完全	ペルロンの紐7 mm
76kg	3.5m	完全	合成繊維の紐10mm
不明	4 m	不完全	ペルロンの紐12mm
78kg	5 m	完全	鋼線太さ不明
80kg	2.4m	完全	合成繊維の紐10mm
63kg	10m	完全	平らな紐15mm
73kg	3.8m	不完全	牽引ロープ20mm
90kg	3.8m	完全	合成繊維の紐12mm

（「ペルロン」は化学繊維の一種——弁護人注）

上記論文にラブル博士らは以下のように記載している。

　　頸部器官断裂や脊椎の損傷は、縊頸自殺では稀である。頭部離断に至っては極めて珍しい。比較的旧い文献には、絞首刑時の頭部離断に関する事例が言及されている（キンケード・1885年、ザテルヌスら・1978年〔より広い文献を紹介している〕、レイラ・1994年）。それに加えて絞首刑に関するいくつかの文献の中に頸部の皮膚が筒状に残存している状態で、しかも頸部器官が離断されている所見の報告が見られる。それについて「内的な頭部離断」とも呼ぶことができる。

同博士らはこの論文を以下の如く要約している。

　　長さ380センチメートル、太さ12ミリメートルの合成繊維の紐を頸に巻き飛び下りた52歳男性の自殺を報告した。本例は完全な頭部離断に至った。生体工学的実験から、頸が、通常、長軸方向の牽引に耐える力の限界は12000ニュートン付近であると判明した。そのような力が作用すれば、紐の太さにかかわらず、頭部離断が起こる。必要な落下距離は体重次第であ

るが、等力曲線としてグラフに表現される。

　つまり、このような研究によれば、物体としての人間の首にどの程度の力がかかれば頭部離断が発生するかまで判明している。逆に言うと、絞首刑や首つり自殺で首に十分な大きな力がかかれば、ロープや紐の太さにかかわらず、頭部は物理学的な法則に従って離断されるのである。

　オ　まとめ

　以上のとおり、諸外国の実例及び科学的研究によって、絞首刑は、死刑を執行される者の頭部が離断されうる死刑の執行方法であることがわかる。

（２）　わが国の絞首刑は受刑者の頭部が離断される可能性を排除できない

　ア　諸外国での絞首刑

　まず諸外国の実情をもとに絞首刑一般について論ずる。

　絞首刑を採用している各国、地域及び軍隊などは、同刑によって受刑者の頭部離断がおこり得ることを前提に、執行方法を調整してそれを防止しようと努めている。具体的には、受刑者の体重に応じて落下距離を決定し、頸部にかかる力の制限を試みる等の例が見られる。

　例えば、1959年当時に絞首刑を採用していた米陸軍の「軍の死刑執行に関する手順」（Department of the Army「Procedure for Millitary Execution」1959年）によれば、受刑者の体重と落下距離の対応は以下のとおりである（この種の表は以下に提示する米陸軍由来のもののほか英国由来のものが各国で用いられているが、内容的に大差はない）。

54.48kg以下	2.46m	77.18kg	1.83m
56.75	2.39	79.45	1.80
59.02	2.31	81.72	1.75
61.29	2.24	83.99	1.70
63.56	2.16	86.26	1.68
65.83	2.06	88.53	1.65
68.1	2.01	90.80	1.63

70.37	1.98	93.07	1.57
72.64	1.93	95.34	1.55
74.91	1.88	99.88以上	1.52

(訳注：原典はポンド・インチで表記されているものをキログラム・メートルに修正した。)

　しかし、このような規定が存在しても、頭部を離断される受刑者が出ている。
　その理由の一つは、米陸軍が適切としている落下距離の範囲が2.46メートルから1.52メートルであるのに対して、先に挙げたイラクのティクリティ死刑囚や首つり自殺での頭部の離断が2.4ないし2.5メートルの落下距離で起こっていることから容易に推察できる。つまり、米陸軍が適切としている落下距離の範囲と頭部が離断される落下距離の範囲が重なっていることが原因である。別の言い方をすると、体重の軽い者には適切とされる落下距離であっても体重の重い者がその距離を落下すると頭部が離断される場合があるからである。この事実からすれば、その頻度は別にして、絞首刑が受刑者の頭部離断をもたらす可能性は排除できない。
　理論的に考察しても、絞首刑の対象は、生きた人間であるから、その受刑者の頭部が離断するか否かを事前に実験することは不可能である。個体差のある個々の受刑者全てについて同人の頭部が絶対に離断されず、しかも同人をすみやかに死に至らしめるような執行条件を合理的な根拠の下に決定し、その執行条件を全ての死刑執行について漏れなく反映することは、不可能か少なくとも著しく困難であろう。それゆえに、死刑を執行する側も意図していない、受刑者の頭部の離断が発生しているのである。
　以上から、絞首刑は受刑者の頭部を離断する可能性を排除できないことは明らかである。
　イ　わが国における死刑の執行の実情と法律
　一方、わが国は、死刑の執行についての情報をほとんど公開していない。死刑の執行を第三者が実見するのは現状では不可能である。遺体を引き取る者の

ない場合も少なからずあると考えられることからも、死刑の執行を受けた者の遺体を第三者が確認することさえ困難が伴う。

現在、死刑の執行そのものでなくとも、刑場の視察さえ不可能に近い。2004 (平成16) 年10月7日の日弁連第47回人権擁護大会シンポジウム第3分科会の基調報告書には、以下のような記載がある（148頁）。

1　刑場視察の申し入れ

　日弁連は、2003年8月27日、法務大臣に対し、死刑場視察の申入れをし、日弁連による東京拘置所内の視察を許可するよう求めるとともに、全国の弁護士会から各地拘置所内の死刑場の視察の要求があったときはこれを許可するよう善処を申し入れた。これを受け、2003年から2004年にかけて、複数の弁護士会及び弁護士会連合会から、法務大臣、拘置所長ないし拘置支所長に対し、死刑場視察の申入れがなされ、所属弁護士に対し拘置所内の死刑場の視察を許可するよう求めた。これらの申入れは、国民が、死刑の存廃を含む死刑制度のあり方を検討し、執行が適正な手続で行われているか検証するため、また、弁護士が、弁護士法第1条に基づき法律制度たる現行死刑制度の改善に努力すべき義務を果たすため、最も基礎的な情報である死刑場の施設等について視察することが必要不可欠であること等を理由とするものであった。

　ところが、法務省矯正局長及び各拘置所長は、「申入れのあった死刑場視察の件については、応じかねますので、あしからずご了承願います。」などとして、すべての申入れを拒否した。

　法務当局は、刑務所や拘置所の施設中、刑場のみは特別の場所であって、公開についても特別に扱うとの考えであることがうかがわれるが[*1]、その法的根拠は疑わしい。

　　*1　たとえば、1997年5月13日、死刑廃止を推進する議員連盟の8人の国会議員が松浦功法務大臣に申入れをした際、あわせて刑場視察についても申入れたが、立ち会った刑事局長は、見られて困るというわけではなく、また、国政調査権による調査の申入れということであれば検討しなければならないが、伝統的に刑場視察は拒否している、拘置所建替え問題に関連して、現在の東京拘置所の庁舎を

是非視察していただきたいが、刑場は別問題である旨述べたという。

しかも、「第2 憲法31条違反」で述べるとおり、わが国の死刑関連の法律には、受刑者の首にかかる力を頭部の離断が発生しない程度にまで減じることを目的とした規定が、少なくとも法律の明文上存在しない（仮に規定を持ったとしても、それがどの程度、受刑者の頭部の離断を防ぎ得るかはまた別の問題である）。

同趣旨の命令や通達の存否も明らかではない。なお、後述する昭和36年7月19日大法廷判決（刑集15―7―1106）について栗田正最高裁調査官が執筆した「死刑（絞首刑）の宣告は憲法31条に違反するか」と題する論文（ジュリスト232号50頁〈時の判例〉）には以下のような記載が存在する。

> 結局布告65号が絞首刑の執行方法に関する根拠法規と考えられており、その他には特別の命令、通達等何もない由である（法務省刑事局及び矯正局に対する照会の回答）。

この論文からすれば、少なくとも上記の大法廷判決当時には、死刑の執行方法に関する命令や通達が存在しなかったと考えられる。その後命令や通達が新たに発せられた事実が明らかにされたこともない。

ウ　わが国における死刑による受刑者の頭部離断の可能性

このような状況にあるので、現在も有効であるとされる明治6年太政官布告65号が実施された以降に受刑者の頭部の離断例が存在するか否かの検証は不可能である。検証ができないことと相まって、わが国における絞首刑の執行は、頭部の離断を防ぐための規定なしに一体どのような方法でその発生を防いでいるのか、重大な疑問がある。更に、わが国と同様の絞首方法を採用している諸外国と同様にわが国でも絞首刑の際に頭部の離断が発生しているのではないかとの疑念は解消されない。わが国だけがそのような事態から無縁でありうる、法的、科学的な根拠が希薄であるからである。

なお、念のために補足すると、刑訴法第477条2項は、死刑執行にあたっての検察官の必要的立ち会いを定めている。しかし、受刑者の頭部の離断は、前記のとおり、自然科学的な現象として発生するのであるから、単に慎重に執行するとか、検察官が立ち会うなどで防止できる性質の事象ではない。

以上のとおり、わが国の死刑は諸外国と同様に死刑を執行される者の頭部が離断される可能性を排除できないと言わざるを得ない。
　なお、わが国の絞首刑で頭部の離断が過去に発生したとの具体的な立証は、前述のような死刑の密行性を考えれば弁護側には極めて困難である。刑場でさえ前述のとおり立入不可能である。その上、執行にあたっての命令や通達さえも開示されていないばかりか、存在するか否かさえ不明である。そのため、専門家の鑑定等によって頭部離断の危険性について研究し、議論することも難しい。
　従って、弁護人はわが国での死刑執行による頭部離断の具体例を提示することはできないが、翻ってみると、そもそも、受刑者の頭部離断が争点となっている状況では、受刑者の頭部離断が発生することの立証責任が弁護側にない。上記死刑の密行性にも鑑みると、検察官が絞首刑の執行によって受刑者の頭部離断が起こらないと主張するのであれば、その立証責任が検察官にあることは疑問の余地がない。仮に明治6年以来、受刑者の頭部離断が発生した事実はなく、発生する可能性がない合理的・科学的な根拠があるのであれば、検察側がその立証責任を果たすべきなのである。
　また、本上告趣意書で取り上げた例以外にも絞首刑や首つり自殺において頭部が離断した例は存在する。それらについては後日補充するが、これらの例は、原因不明で突発的に起こった事故ではない。落下によって首に加わった力が大きかったために発生した、いわば落下式の絞首刑の本質的な部分にかかわる現象である。つまり弁護人がこれらの例を提示する意味合いは、「頭部が離断されうる」という漫然とした可能性があるという趣旨ではなく、対策がなければ頭部離断が原理的に発生する可能性があるという趣旨である。死刑は究極の刑罰であり、仮に失敗して頭部が離断しても、その執行のやり直しは不可能である。
　更に、今ここで問題としているのは、これまで死刑の残虐性として指摘されてきたこととは異なる。死刑を執行される者一人一人の頭部が離断されるか否かという極めて明白で外形的な現象である。
　そこで以下、わが国の絞首刑は受刑者の頭部を離断する可能性があるという

前提に立って論を進めることとする。

2　判例とその解釈

（1）　昭和23年3月12日大法廷判決

昭和23年3月12日大法廷判決（刑集2―3―191、以下「判例1」と記す）は、死刑それ自体は憲法36条に違反しないとしたうえで、

　　　死刑といえども、他の刑罰の場合におけると同様に、その執行方法等がその時代と環境とにおいて、人道性の見地から一般に残虐性を有するものと認められる場合には、勿論これを残虐な刑罰といわねばならぬ

と判示している。

現代のわが国は、斬首刑が行われていた江戸時代や明治時代の初期ではない。頭部の離断を目的とした死刑ではないのに、受刑者の頭部が離断されうる死刑は、現代という「時代と環境において」は残虐である。

なお、判例1は残虐な死刑の執行方法として幾つかのものをあげている。そのうちの一つである「さらし首」は、受刑した本人が感ずる苦痛に由来する残虐性とは直接かかわりがなく、遺体の棄損の状況を見聞きした者が抱く残虐受感を基準としているものと考えられる。従って、絞首刑において、受刑者の頭部が離断されることを、さらし首と全く同様に考えることはできないかもしれない。しかし、受刑者の頭部を離断するのは、死に至らしめるという死刑の目的を超えてその遺体を不必要に棄損することであり、さらし首と共通の残虐性をもっている。すくなくとも、現代において、頭部が離断したことを見聞きした者が残虐だとの印象を抱くことは間違いない。

前述のとおり、絞首刑の執行によって受刑者の頭部が離断される可能性がある。その可能性がある以上、わが国の死刑は正に上記判例の述べる残虐な死刑の執行方法である。

（2）　昭和30年4月6日大法廷判決

昭和30年4月6日の大法廷判決（刑集9―4―663、以下「判例2」とする）は、

　　　現在各国において採用している死刑執行方法は、絞殺、斬殺、銃殺、電気殺、瓦斯殺等であるが、これらの比較考量において一長一短の批判があ

るけれども、現在わが国が採用している絞首方法が他の方法に比して特に人道上残虐であるとする理由は認められない。

と判示している。

しかし、本判例は死刑を執行される者の頭部が離断されうることを考慮に入れているとは考え難い。そもそも関係する法律では、受刑者の頭部離断が起こり得ることなど想定されていないことは明らかである。法律が想定していない事態にまで同判例が踏み込んで考慮しているとするには無理がある。

同判例に関する弁護側上告趣意書の中にも受刑者の頭部が離断されうる旨の主張はみられない。同判例の原判決である高裁判決中では絞首刑が憲法36条に違反するか否かの判断すら行われていない。

このようなことからして、本判例は法律の想定どおり頭部の離断なしに絞首刑の執行が行われることを前提として述べていると考えられる。つまりわが国の絞首方法で頭部離断がおこりうることについて、同判例は判断の対象にしていない。

（3）判例2の前提が変化している

ア　電気殺の状況

前記判例2があげる各国の死刑執行方法のうち、電気殺は20世紀初頭に米国で広く採用された方法である。1979年12月31日の時点でも、当時、米国で死刑を存置していた37州のうち18州が電気殺を唯一の死刑執行方法として採用していた。しかし、「受刑者の体が燃える」などの事態が生じることが明らかとなり、致死薬物注射の採用とも相まって徐々にその採用が見送られてきた。そもそも電気殺は唯一、米国のみで行われていたが、2005年末の段階で米国で電気殺を採用している州のうちネブラスカ州以外の州では、死刑囚自らが電気殺か致死薬物注射を選択可能であった。ネブラスカ州では、電気殺しか死刑の執行方法を定めておらず、死刑囚は全て電気殺で死刑を執行されていた。このような州はネブラスカ州が最後であった。そして、2008年2月に米ネブラスカ州最高裁は、電気殺が同州憲法の禁ずる「残虐で異常な刑罰にあたる」との判断を示した。

このネブラスカ州最高裁判決を最後に、米国では死刑囚が選択しない限りは、

電気殺による死刑執行は行われていない。すなわち、死刑の執行方法としての電気殺は、死刑囚自らが希望しない限りは、世界中で行われなくなる可能性が高い。

判例2は電気殺との比較で、わが国の絞首方法が残虐であるか否かを論じているのであるから、同判例は、現時点においてはその前提の少なくとも一部において妥当性を欠く。

イ　致死薬物注射の採用

判例2の当時には実施されていなかった致死薬物注射による死刑の執行が1977年に米国で導入され、1982年に初めて実施された。その後、米国以外の国でも致死薬物注射による死刑執行が行われている。米国の例をあげると、致死薬物注射は、2005年12月31日の時点で、死刑を存置する38州のうち、上記ネブラスカ州を除く37州で唯一もしくは選択可能な死刑の執行方法として認められ、米国における死刑執行のほとんどが致死薬物注射により行われるに至っている。

（4）　判例の見直しの必要性

判例2は、現在広く行われている致死薬物注射との比較でわが国の絞首方法が残虐であるか否かを論じていないから、現時点においてはやはりその前提の少なくとも一部において妥当性を欠く。

そもそも判例1は残虐性の概念は時代とともに変わる旨を判示し、判例2は半世紀以上も前に各国の死刑執行方法とわが国のそれを比較したものである。判例2が時間の経過とともに判例1と齟齬をきたすのは必然である。判例2があげている各国の死刑執行方法は、同判例が出されてから半世紀以上経った現在、その種類や実施状況が変化している。したがって判例2は少なくとも現在見直されるべきである。

3　小括

本趣意書では受刑者の頭部離断が起こりうるという事実に焦点をあてて、死刑が残虐な刑罰であることを明らかにした。しかし、死刑の残虐性はこれにつきるものではない。

絞首刑において、原審までに言及したように、数分ないしそれ以上の時間がかかって受刑者が窒息する事態もあり得る。このような事例は海外で報告され

ていて、その残虐性が指摘されている。この点から見ても絞首刑は憲法36条の禁ずる残虐な刑罰である。また、原審までに述べたように、頸椎の骨折等によって受刑者が短時間で絶命するにしても、その態様を考えればやはり憲法36条の禁ずる残虐な刑罰と言わねばならない。

まして、本趣意書で明らかにしたように、わが国の死刑は受刑者の頭部を離断する可能性があるから憲法36条に違反することは明かである。

第2　憲法31条違反

1 わが国の死刑は、受刑者の頭部を離断する死刑になりうるから、憲法31条に違反する

憲法31条は「何人も法律の定める手続によらなければ、その生命若しくは自由を奪はれ、又はその他の刑罰を科せられない」と定めている。

また、刑法11条1項は「死刑は、刑事施設内において、絞首して執行する」と規定している。

現行の絞首刑の執行方法が憲法31条に違反しないとした昭和36年7月19日大法廷判決（刑集15―7―1106、以下「判例3」と記す）は、明治6年太政官布告65号（絞罪器械図式　以下「太政官布告65号」あるいは「布告65号」と記すことがある）が現在も、

　　法律と同一の効力を有するものとして有効に存続している

としている。

同布告は、明治6年当時実施されていた死刑執行方法のうち「絞」についての執行方法の詳細を定めたものである。当時の死刑については、新律綱領（明治3年）に規定されている。

同綱領には、

　　死刑二

　　絞

　　斬

　　凡絞ハ。其首ヲ絞リ。其命ヲ畢ルニ止メ。猶ホ其體ヲ全クス。遺骸ハ。親族請フ者アレハ下付ス。凡斬ハ。其首ヲ斬ル。遺骸ハ。親族請フ者アレハ

下付ス。

とある。

　布告65号は現在から約140年前の新律綱領の「絞」刑の執行方法を定めたものである。ところが上記判例によれば、同布告は、新律綱領が廃止されたと考えられる旧刑法の施行後は、旧刑法12条の定める死刑の執行方法を規定するものとして有効であり続けたうえ、旧刑法が廃止された後は、現行刑法11条の定める死刑（絞首刑）の執行方法を規定するものとして現在も有効であるというのである。

　従って、判例3は新律綱領の「絞」刑と現行の絞首刑は同一であるとの前提に立っていることとなる。すなわち、判例3を前提とする限り、新律綱領が廃止された現在であっても、現行の絞首刑は、新律綱領の定める「絞」刑の規定どおり「基體ヲ全クス」る内容でなければならない。逆に言えば現行の絞首刑において死刑の執行を受けた者の頭部が離断されうるのであれば、「基體ヲ全クス」ることにならないから、現行の絞首刑は布告65号や現行刑法11条の定める死刑執行の方法とは異なることになる。

　常識的に言って死刑の執行を受ける者の頭部が離断される死刑は断頭刑と言い得るであろう。あるいは、断頭刑とまで言わないにしても、頭部が離断するような死刑の執行方法について、経験則からも適正手続の保証の面からも、絞首ないし絞首刑と呼ぶことはできないのは明白である。仮に、首にロープをかけて受刑者を落下させれば、それは形式上、絞首ないし絞首刑であるとの立場を取るとしても、前記の検討からして、受刑者の頭部が離断される死刑は、少なくとも刑法11条で定めている絞首ではない。受刑者の頭部の離断は、前述のように落下式の絞首刑の本質にかかわる事象であり、原因不明の突発的な事故ではない。よって全受刑者の頭部が離断されるわけではないにしても、その可能性が存在し、死刑は失敗したさいに再度適正に執行するなどということが不可能な刑罰であることを考えれば、現行の死刑は受刑者の頭部が離断する死刑になりうることで憲法31条に違反する。

2 わが国の死刑は関係する法律に法律事項であるべき内容が記載されてないので憲法31条に反する

また、判例3は太政官布告65号について

> 同布告は、死刑の執行方法に関し重要な事項（例えば「凡絞刑ヲ行フニハ………両手ヲ背ニ縛シ……面を掩ヒ……絞架に登セ踏板上ニ立シメ……絞縄ヲ首領ニ施シ……踏板忽チ開落シテ囚身……空ニ懸ル」等）を定めており、このような事項は、死刑の執行方法の基本的事項であって、…（中略）…新憲法下においても、同布告に定められたような死刑の執行方法に関する基本的事項は、法律事項に該当するものというべきであって（憲法三一条）、検察官はその答弁書において、右布告の内容は法律事項ではなく、死刑執行者の執行上の準則を定めたものに過ぎないから、現行法制から見れば法務省令をもって規定しうるものであるというが、当裁判所は、かかる見解には賛成できない。将来、右布告の中その基本的事項に関する部分を改廃する場合には、当然法律をもってなすべきものである。

と判示し、更に

> 現在の死刑の執行方法が所論のように右太政官布告の規定どおりに行われていない点があるとしても、それは右布告で規定した死刑の執行方法の基本的事項に反しているものとは認められず、この一事をもって憲法三一条に違反するものとはいえない。

と判示している。

すでに述べたとおり、死刑を執行される者の頭部が離断されるのであれば、それは布告65号を含む現行の法律等の定める絞あるいは絞首ではない。仮に、そのような事態を防止する規定が存在するとすれば、その規定は、その死刑が絞首刑か否か、少なくとも刑法11条の定める絞首か否かを決定する要因である。それは判例3の述べる「死刑の執行方法の基本的事項」、つまり法律事項であることは明らかである。したがって、受刑者の頭部を離断することなく絞首刑の執行ができることを明らかにする規定が法律事項として法律に明文化されるべきである。しかし、このような法律はない。

以上のとおり、死刑に関する現行法は、その刑が刑法11条の規定する絞首か

否かを決定する、言い換えれば死刑に関して罪刑法定主義の根幹をなす規定を欠いており、憲法31条に違反する。

3 わが国の死刑は、不適切な手続が法律に記載されているので、憲法31条に違反する

前記布告65号は図面ないし数値を用いて刑場や刑具の寸法及びその使用方法等を定めている。例えば絞縄の縄長を「二丈五尺」とし、「機車ノ柄ヲ挽ケハ踏板忽チ開落シテ囚身地ヲ離ル凡一尺」とするなどの規定がそれである。

仮に布告65号の内容をそのまま現在の刑事施設に読みかえて死刑を執行した場合、以下のような事態が生じる。

例えば、東京拘置所の刑場の踏板から下の階の床までの高さが4メートル程度あるとされている。その床から「一尺」すなわち約30センチメートルの位置まで受刑者を落下させると、受刑者は約3.7メートル落下することとなる。前述したバルザン・イブラヒム・アル＝ティクリティ死刑囚の例では、同人の約170か175ポンド（77.1ないし79.4キログラム）の体重、8フィート（2.44メートル）の落下距離で、同人の頭部の離断が発生している。バルザン・イブラヒム・アル＝ティクリティ死刑囚の体重は特別に重くはない。受刑者の体重が重く、落下距離が長い程、首にかかる力は大きくなる傾向にあるから、この例からすると、明治6年太政官布告65号に従って現在の刑事施設で絞首刑を執行した場合、死刑を執行される者の頭部が離断する一定の蓋然性があると考えられる。

以上より、布告65号を含む死刑関連の現行法は、その執行によって、刑法11条の規定する絞首とは異なった死刑執行となる可能性のある規定を含んでいる。このような事態をひきおこす執行方法を定めるわが国の死刑は憲法31条に違反する。

4 小括

そもそも、明治6年太政官布告65号は、明治6年司法省布達21号によって明治5年監獄則の付録監獄図式の中に編入され、それ自体の効力は失われ、布告65号で改定された絞架図式は監獄図式の中に存在することになった。その後明治14年9月監獄則が新法と交代し新しい監獄則が施行された。新監獄則では絞

架図式を含む一切の監獄図式が削除された。絞架図式の成文法的裏付はこのときに消滅した。その後も改正律例所定の「絞架」の規定はなお生きていたが、改正律例が明治15年1月の旧刑法の施行により失効したことにより、「絞架」という名称の裏付けも成文法から消えたのである。したがって、わが国の死刑には死刑の執行方法の規定が存在しないから憲法31条に違反する。仮に判例に従って布告65号が今なお有効であると見るにしても、本項で述べたとおりの理由でわが国の死刑は憲法31条に反する。

第3 結論

わが国の死刑が憲法31条、36条に違反することは明らかであり、原判決は刑事訴訟法410条1項により破棄されるべきである。

第3章

最高裁判所への意見(2)

日本でも起こっていた
首の切断・小野澤おとわ

　弁護人は、上告趣意書に続いて、上告趣意書補充書(1)を2010（平成22）年9月27日付で提出し、その訂正を2010年12月20日付でしました。本書ではさらに、他の書類との表記の統一などの修正を加えました。

　この上告趣意書補充書(1)のポイントは4つです。

　1つ目は、過去の絞首刑で首が切断された例をさらにあげたことです。特に日本の首の切断例を新聞記事から見つけることができました。2つ目のポイントとして、絞首刑で数分間意識を保ったまま窒息死する場合があることについて論じました。3つ目に、わが国で死刑の情報が公開されていないことが、絞首刑の残虐性を隠しているのではないかという点について述べました。最後に刑法制定の際に、斬首刑をやめて絞首刑のみを残した際の議事録から、首が切断される刑罰は、日本においては、絞首刑とはいえないことを述べました。

　なお、日本の絞首刑が1873（明治6）年に英国から導入されて以降基本的に変わっていないこと、当時の英国の絞首刑と同じやり方の絞首刑が世界各国で採用されていることも述べました。つまり、現在の日本の絞首刑を考えるにあたって、過去の日本の絞首刑や海外の絞首刑を参考にすることができます。

上告趣意書補充書(1)

上告趣意書補充書(1)

2010年9月27日

最高裁判所第二小法廷　御中

第1　憲法36条違反

1　わが国の絞首刑で受刑者の頭部が離断される可能性

「上告趣意書　第1点　第1　憲法36条違反」〔本書第2章〕において、受刑者の頭部が離断され得るので、わが国の絞首刑は憲法36条に違反する残虐な刑罰であると論じた。本補充書で、わが国の例も含めて絞首刑による頭部離断例を追加し、これらが発生する背景事情についてわが国と諸外国の比較を行う。

（1）わが国の例

「わが国の絞首刑で頭部の離断が過去に発生したとの具体的な立証は」「弁護側には極めて困難である」と上告趣意書で述べた。

しかし、その後、わが国の絞首刑において受刑者の頭部が部分的に離断されたことを報ずる新聞記事を発見した。その受刑者は小野澤おとわ（「とわ」と表記する新聞もある）という女性である。同人は1883（明治16）年に東京市ヶ谷監獄署で絞首刑を執行された。以下にその状況を報じた新聞記事を引用する（ただし旧字体・歴史的仮名遣いを新字体・現代仮名遣いに改めるなどしている）。

まず、死刑執行の翌日にあたる1883年7月7日付〈読売新聞〉の記事である。同紙は受刑者の氏名を「小野澤おとわ」として、

　　大木司法卿の命令に依り昨日午前八時三十分市ヶ谷監獄署内の刑場にて死

刑を執行せられし模様を聞くに…（中略）…浅草紙にて面部を覆い後手に縛りしまま刑場へ引出し、刑台にて梯を上りて内に入り…（中略）…刑台の踏板を外すと均しくおとわの体は首を縊りて一丈余の高き処よりズドンと釣り下りし処、同人の肥満にて身体の重かりし故か釣り下る機会に首が半分ほど引き切れたれば血潮が四方へ迸り、五分間ほどにて全く絶命と報じている。

　また、同日付の〈東京絵入新聞〉は、受刑者の氏名を「小野澤とわ」として、同人に対する死刑の執行状況を以下のように報道している。

　　昨日午前第八時三十分市ヶ谷監獄署において死刑に処せられぬ。立会検事中川忠純君、書記市川重胤君、其他典獄の諸員立列ばれ、例の如くとわを呼出して刑場に就しめられ、踏板を外し体を堕落せしむるに当り、とわが肥満質にて重量のありし故にや、絞縄がふかく咽喉に喰込みしと見え鼻口咽喉より鮮血迸しり、忽地にして死に就たるはいとあさましき姿なりし。稍あって死体を解下されたれど絞縄のくい入りてとれざる故、刃物を以て切断し直に棺におさめられし

　これらの記事からすると、明治6年太政官布告65号（以下「布告65号」と記すことがある）が出された後のわが国の絞首刑において、受刑者に頭部の離断（完全な切断に至らない）が発生した事実は間違いないと考えられる。

　なお、後述するように布告65号の定める絞架は英国の絞首台に由来する。

　また、明治時代において、許可を受けた者であれば死刑の執行に立ち会うことができた。当時有効であった旧刑法附則2条は、現行刑訴法477条2項と類似の内容であり、死刑の密行性を規定していた。しかし、その運用は柔軟であった。当時、新聞記者は死刑の執行を参観することが可能で、一般紙が死刑執行の模様を報道することもあった。この状況は、1908（明治41）年10月に現行刑法が施行される直前、同年7月の民刑局長監獄局長通牒によって、「厳密取締相成候様」とされるまで続いた。上記の記事はこのような背景の下に掲載されたものである。

(2) 外国の例〈その1〉——オーストラリア

オーストラリアは、かつてわが国と同様に英国由来の絞首刑を採用していた。オーストラリアにおいて執行された絞首刑で、受刑者の頭部が離断した事例を示す。いずれも新聞記事を和訳したものである。なお、同国は1967年2月に最後の絞首刑を執行した後、死刑制度そのものを廃止した。したがって、ここで提示する実例はそれ以前のものとなる。

トーマス・ムーアは1897年6月24日に同国のニューサウスウェールズ州ダボで絞首刑を執行された。翌25日付の〈ウエスト・オーストラリアン〉に以下のような記事が掲載された。

> ムーアは絞首台へとしっかりと歩き、すばやくしっかりした足取りで落下する場所に向かって13階段を上った。ボルトが引かれたとき、胴体は踏板をすばやく通過したが、しかし、頭は胴体から完全にちぎれ、頭と胴体が絞首台の下の2箇所に離れて落ちた。胴体は血だまりに横たわり、頭はフードがとれた状態で顔を上向きにして転がっていた。

クイーンズランド州ブリスベーンで1905年7月17日に絞首刑を執行されたジェームズ・ウォートンについての記事が、同月19日付の〈オタゴ・ウィットネス〉に掲載されている。

> 何か言いたいことはあるかという質問に答えようと、ウォートンは悲痛な沈黙の後に目をあげて話す努力をしたが、喉が鳴る音しか聞こえなかった。せきをした後で彼はまた話そうとして、ほとんど聞き取れない声で言った。「私はやったことを全て謝ります。受け入れてくれる者に自分を委ねます。もし天国があるならば、私にも慈悲が示されますように。これで言いたいことは終わりです」。
> 後に続く光景は、恐ろしいものだった。ロープがぴんと張ったとき、吊された男の首に深い傷が現われ、ものすごい血の流れが服に激しく降り注いで彼の足元に血の海を作った。ロープが取り除かれた時、頭がほとんど胴体から切断されていたのが分かった。

1914年1月16日付の〈アドバタイザー〉は、「オジャーズの死刑執行 噂は真実 首が胴体から切断」との見出しで、チャールズ・オジャーズに対する絞

首刑の状況について、以下のように報じている。なお、同人は、同月14日にウェスタンオーストラリア州フリマントルで絞首刑を執行された。

> ほのめかされていたように、フリマントル刑務所で行われた昨日朝のチャールズ・オジャーズという男性の死刑執行は、最初に当局者が報告したほど首尾よく行われなかった。当局者だけが絞首刑に立ち会っていた。死刑執行を見届けた後、刑務所の所長は、すべてが順調に行われたと言った。しかしながら、その日のうちに、その男性の頭が胴体から切断されたという噂が広まった。明らかに当局者はその問題をもみ消すことを切望したが、噂は公式に認められた。刑務所の所長によって昨晩になされた発表によると、オジャーズは口の中に起爆装置を入れて自殺しようとした時に受けた傷のため、通常よりも短い落下距離になった。通常の条件では、彼は6フィート（訳注：約183センチメートル）の落下距離になるが、4フィート6インチ（訳注：約137センチメートル）と決定された。首が切断されて、これでさえ長過ぎたことが後になって分かった。これは州でこれまで使われたうちで最も短い落下距離だと言われている。これよりも短い落下は、同人が絞殺によってゆっくりとした死を遂げる危険があり得るため、推奨されなかったのだろう。

なお、オジャーズの死刑執行につき、同記事には刑務所の監査官が1月15日になってからオジャーズの頭部離断に関する報道が正確であると認めた旨も記載されている。

（3）外国の例〈その2〉——英国

英国の絞首刑において受刑者の頭部が離断された例を示す。わが国の絞首刑は英国に起源を持つ。その意味で同国の絞首刑で受刑者の頭部離断が少なからず発生していることは重大である。英国は1964年12月に最後の絞首刑を執行した後、死刑制度を廃止した。頭部離断の実例はそれ以前のものとなる。

まず、英国の医学雑誌〈ランセット〉（1885年4月11日号、657〜658頁）に掲載されたR. J. キンケード医師の論文を引用する。受刑者の氏名は明記されていないが、1883年1月にダブリンのゴールウェイの国立刑務所で発生した事

故である。

　私が立会った次の死刑執行は、1883年1月に行われたものだった。囚人は、何とか絞首台までは歩いていったが、絞首台の上で気絶したようだった。ボルトが引かれたまさにその時、彼は左向きになって横に倒れた。ロープのループは彼の膝の位置より下にあったので、その落下は明らかにあまりに長すぎた。首の右側で皮膚のおよそ1と1/4インチ（訳注：約3.2センチメートル）から2インチ（訳注：約5.1センチメートル）を残して全ての組織が完全に離断されていたので、死因となる損傷を大雑把に確認するだけで検死の必要はなかった。事実、皮膚のその小部分がなければ、彼は完全に頭部を離断されていたであろう。この結果は、過剰に長い落下、細い首、そしてその男性の気絶によって回転運動が生じ、その結果、体の落下による牽引力が首の長軸の方向に作用せず、側方に部分的に働いたことに起因すると私は考える。

　次にシーン・マッコンヴィル著『イングリッシュ・ローカル・プリズン1860〜1900』（「English Local Prison 1860-1900」〈Séan McConville, Routeledge, London and New York, 1995〉）の一部（416〜417、424〜426頁）から4件の頭部離断例とそれらに関する報道等を引用する。

　1885年の11月、彼（訳注：ベリー）はノーリッジ城でのロバート・グッダルの処刑に失敗したが、その方法は彼の不適切さを何倍も証明するものだった。彼は必要な計算を自らの落下表に基づいて行った。次に「グッダルがあまり筋肉質には見えなかったので」約2フィート（訳注：約60センチメートル）落下距離を減らした。しかし、見直された落下距離でさえグッダルの肉体的な状態を考慮しておらず、彼は首を切断された。……（中略）……ベリーの技術は時間と経験により向上することはなく（それはむしろ、気後れのために低下したかもしれない）、しかも、ほぼ同一の事例が約30ヶ月後にオックスフォードでロバート・アプトンの処刑がひどく失敗したときに起こった。〈オックスフォード・タイムズ〉は詳細かつ明瞭だった：

　　死刑台での不幸な事件は郡の刑務所にかなりの混乱を引き起こした。

死刑執行人のベリーの側が5フィート（訳注：約152センチメートル）の落下距離を優に7フィート（訳注：約213センチメートル）と誤って計算したために、アプトンの頭はほとんど切断されてしまった。その光景は、その場に立ち会った者にとって悲痛な衝撃であったが、このような乱暴な処刑の再発を防止するために何らかの規則が存在すべきなのは確実だった[102]。

…（中略）…

　ベリーは自分の担当する囚人を見ないで、彼の体重だけに基づいて、翌朝に落下距離を計算し、死刑執行に備えた。そこで2つの落下表が対立した。カークデールの医官は死刑判決委員会（1888年）で証言し、同委員会と同様、長い落下に賛成しているジェームズ・バー医師だった。バーは自ら計算をして、絞首刑執行人にそれを強く主張した。頭部離断を恐れて、ベリーは自分の表を作っていた。60歳で、アルコール中毒ないし他の理由から健康を損なっている死刑囚の筋肉の状態を2人とも考慮していなかった。

　論争とベリーの誤った判断の結果は、ドゥ＝ケインと内務省の最悪の懸念が実現する形で、午後の多くの新聞の紙面を飾った。「今朝コンウェイ処刑。刑場の恐ろしい光景。処刑に失敗。囚人の首がほぼ切断された。ぞっとする詳細。全ての罪の告白。検死」[139]。同紙はその場にいた記者の説明に基づいて「ぞっとする詳細」を書き続けた。同紙はコンウェイの頭がどのように胴体からほぼ切断され、処刑台の穴へと血がほとばしる音がどのように聞こえたかを描写した。ひとたび何か悪いことが起こってしまったことが明らかになると、刑務所の幹部は死刑執行室を片付けようとした。このため、失敗したという非難に加えてそれを隠したという非難が加わった。「もし記者が立ち会ってなかったらこの失敗は決して公になっていなかったことは疑いない。役人は今でさえ何もかも上手くいったと主張している」[140]。これはリバプールで起こっていたのだが、例えば保安官が1868年の法律の下で与えられた権限を行使して新聞記者を皆排除するような他の場所であれば何が起こっていただろう。

……（中略）……コンウェイに対する死刑執行の前日に、ワンズワース

において、もう一つ明らかに失敗した（ロバート・ブラッドショーの）死刑執行があり、そこでは新聞記者が排除されたが、検死陪審の審理においてほぼ偶然に詳細が明らかになった。しかし〈ポスト〉はこれに対して警鐘を鳴らした。「ブラッドショーがコンウェイとほとんど同じやり方で部分的に首を切断する実験台にされたことは知られることはなかったかも知れない」[144]。

……（中略）……

コンウェイの死刑執行は 6 年半前のリーの事案と同様に全国紙の反応を生んだ[145]。もっと大きな騒ぎになったかもしれないが、議会は閉会中だった。国民は、立派で信頼するに足る役人と専門家によって調査が行われ、問題は正しく取扱われた——しかし、事故が実際よりも上手く隠されたというのがおそらく真実ではないかと確信していた。〈デイリー・クロニクル〉はこの方針を採った。

> 新聞記者が、絞首台の穴をのぞき込んだ時に、半分ちぎれた首から血が噴き出して流れているコンウェイの死体が吊られているのを見つけたが、それと同様の別の惨事が過去にあったのではないか。実のところ、あらゆる試みが起こったことを隠すためになされて、何が起こったのか検死陪審で一切言及されなかった。今や一部に対して公開され、全ての面で礼節を保った死刑処行の視察を行うことの利益が、興味本位の新聞記事の不利益を優に相殺することは明らかである。一人の新聞記者で十分だ。彼が恐ろしく忌まわしい失敗を暴くのは明らかだ[146]。

（4）外国の例〈その3〉——米国

米国は、1967年 6 月 2 日に死刑を執行した後、中断期間を経て1977年にその執行を再開した。しかし、この再開以降で絞首刑は 3 例のみである。以下に米国の絞首刑で頭部が離断された例を掲げる。いずれも英国由来の方式を採用している。しかし、絞首刑はもはや同国でほとんど行なわれない死刑の執行方法であるため、提示し得る事例は他国の例と同様に古い時代のものとなる。

エヴァ・デュガンは1930年 2 月21日にアリゾナ州フローレスの州刑務所にお

いて絞首刑を執行された。その状況を報道した同年3月30日付の〈タイム〉の記事を以下に引用する。

> 彼女は刑務所の中で運命を受け入れ明るく振る舞い、係員と親しくなり、自分の遺体を包む絹の白布を刺繡した。死刑執行の前夜には一晩中、友人とホイストに興じたが、真夜中にオイスターシチューを作るために中断した。夜明けに彼女は支えられることなく2人の看守に挟まれて歩いて去っていった。彼女は、記者をからかい、写真家にポーズをとり、刑務所長と握手し、看守とキスをして、しっかりとした足取りで絞首台の階段を上った。死は瞬間的だった。絞首索に引っ張られて彼女の首が引きちぎられたからである。

なお、この事故により、アリゾナ州は死刑の執行方法を絞首刑からガス殺刑に変更した。以下はその事実を述べた米国アリゾナ州矯正局ホームページの抄訳である。

> 死刑囚監房の囚人に対する絞首刑執行中の不幸な事故によって、1933年にアリゾナの死刑は見直されて絞首刑は廃止された。新しい指針は致死性ガスによって死刑囚を死に至らせることであった。現在、アリゾナ州法は1992年11月15日以降に死刑判決を受けた囚人に対して致死薬物注射を認めている。もし囚人がその日よりも前に死刑判決を受けていたら、同囚は致死性ガスか致死薬物注射を選択することができる。

1931年6月19日にウェストヴァージニア州で絞首刑を執行されたフランク・ハイヤーに関する同月20日付の〈レディング・イーグル〉の記事を引用する。

> ポカホンタス郡で妻を殺した55歳のフランク・ハイヤーは、昨夜、当地の州刑務所で、罪を認め自分の破滅は酒のせいだと呪いつつ絞首刑に処せられた。彼は首が切り落とされた。
>
> 同人は最後の食事で特別な要望をしなかったウェストヴァージニア州では数少ない刑死者の一人だった。彼は刑務所のカルテットが歌う中で絞首台へしっかり歩いて自らの死へ静かに向かった。

1951年にワシントン州ワラワラの州立刑務所で絞首されたグラント・リオは部分的に頭部を離断された。同事案について言及した1981年4月16日付米国ワ

シントン州最高裁の「州対フランプトン判決」を引用する。

　おそらくより衝撃的で胸が悪くなるような誤算が、1951年のグラント・リオの死刑執行において起こった。アルバート・レンボルトはワラワラの州刑務所の元職員だが、その死刑執行に立ち会った。彼の記憶によれば、ロープは余分に長く余っていたので、踏板が開いた時に、リオはひどく首を切られ、部分的に首が切断された。19分後にリオの死亡が宣告された。

（5）頭部離断の事例が古い理由

　絞首刑における頭部離断につき、上告趣意書、資料（1～4）および本補充書において、わが国（1例）、米国（4例）、カナダ（2例）、イラク（2例）、オーストラリア（3例）、および英国（5例）、合計17例を提示した（米国と英国については調査し得た全例を示したわけではない。これらのうち、わが国とイラク以外は、受刑者の体重に応じて、その落下距離を決定するための表〈上告趣意書で触れた。以下この種の対応を示した表を「落下表」と記す〉を採用していることが明らかになっている）。

　提示し得た頭部離断の実例は大部分が古いものである。最近の例は入手が困難であった。これは第1に、絞首刑を採用する国や地域が大幅に減少したためである。そして第2に、絞首刑の執行状況を全く公開しない国や、そもそもわが国に情報が入ってこない国で絞首刑が執行されているためである。

　例えば、2010年に出版された「DEATH SENTENCES AND EXECUTIONS 2009」（Amnesty International Publications）によると、2009年に絞首刑を執行した国は、イラン（少なくとも388人、石打ち刑を含む）、イラク（少なくとも120人）、スーダン（少なくとも9人）、シリア（少なくとも8人、銃殺刑を含む）、わが国（7人）、エジプト（少なくとも5人）、バングラディシュ（3人）、ボツワナ（1人）、シンガポール（同）、北朝鮮（実施のみ確認）およびマレーシア（同）の11カ国しかない。

　また、G20（20カ国・地域首脳会合及び財務大臣・中央銀行総裁会議）参加国で、今世紀になって絞首刑を執行した国は、わが国以外にはインドだけである。それも2004年に1人の執行が報道・報告されているに過ぎない。

念のために付言すると、絞首刑による頭部離断に関する最近の事例が入手困難であることについて、絞首刑の執行技術に革新があった可能性も検討した。しかし、そのような事実を証明する証拠は存在せず、むしろ、19世紀後半から絞首刑を執行する方法は基本的な部分において変更されていないことが明らかとなっただけである。

（6）わが国と諸外国の比較
ア　わが国における落下表の不採用と頭部離断の発生
　手塚豊著『明治初期刑法史の研究』（慶応義塾大学法学研究会、1956年）の257～258頁によると、明治4（1871）年、囚獄司権正・小原重哉が香港及びマレーに出張した際に、同地で実見した「西洋器械」の図面を持ち帰り、それに基づいて布告65号の絞架が制定された。この「西洋器械」とは英国のものであった。
　ところで英国においてサミュエル・ホートン医師作成の落下表が採用されたのは1875年である（ジョン・J.ド＝ズーシェ・マーシャル医師の論文による）。この落下表が諸外国で採用された。しかし、わが国は、それに先だって1873（明治6）年に布告65号をもって、落下表なしに英国の落下式の絞首刑を採用したのである。少なくとも当時、受刑者の体重に基づいて落下距離を変えるという発想はなかった。以来、わが国の絞首刑の執行に関して、落下表の採用は明らかになっていない。
　体重に応じて落下距離を定めている諸外国において、受刑者の頭部離断例が少なからず発生している事実に鑑みると、落下表の存在が明らかではないわが国において、頭部離断例が前掲の1例のみにとどまると考えるのは困難である。
イ　諸外国における落下表の採用と頭部離断の発生
　上告趣意書で、諸外国において落下表を用いても頭部を離断される受刑者が出ている理由について述べた。さらに別の理由を補足する。
　上告趣意書に引用した米軍の落下表によると、99.88キログラム以上の体重の受刑者は、一律に1.52メートルの落下距離となる。しかしながら、体重が重い程、絞首刑執行時に受刑者の首に負荷される力は大きくなる。その力を軽減

する目的からすると、米国の落下表をその体重が99.88キログラムを大きく越える者に用いることは適切ではない。

また、英国の落下表（K. S. ザテルヌス博士らの論文中に引用がある）によると、体重が90.72キログラムを越える受刑者に対する落下距離は示されていない。

このように、落下表の中に体重の重い者に対する落下距離が適切に示されていないことも落下表を用いていた諸外国において頭部離断が発生した理由と考えられる。

つまり、わが国の絞首刑において、仮に落下表を公式に採用したとしても受刑者の頭部離断を完全に防止することは困難である。

（7）まとめ

以上、各国で絞首刑による頭部離断が少なからず発生していること、わが国は落下表なしに英国由来の絞首刑を導入した後で、受刑者の頭部離断が発生したこと、一方で諸外国は落下表を用いているのに絞首刑で受刑者の頭部が離断される例があり、その理由の1つとして体重の重い者に対して落下表が適切に使用できない可能性があること等を補足した。

わが国の絞首刑において、今後も頭部離断が発生する可能性があるのは益々明らかである。このようなわが国の絞首刑は憲法36条に違反する。

2　絞首刑におけるゆっくりとした窒息死の発生とその残虐性

上告趣意書で述べた「数分ないしそれ以上の時間がかかって受刑者が窒息する事態」（以下「ゆっくりとした窒息死」と記す）の残虐性について補充する。

（1）頭部離断とゆっくりとした窒息死の関係

落下式の絞首刑において、頭部離断を防止することは、落下距離を短縮して首にかかる力を小さくすることにより可能である。しかし、それによって受刑者は数分もしくはそれ以上の時間をかけて窒息死する可能性が出てくる。これらのことは上告趣意書で触れた「死刑に関する英国審議会（1949～1953）報告

書」に記載されている。前掲の『イングリッシュ・ローカル・プリズン　1860〜1900』（426〜427頁）にも以下のような記載がある。なお、ヘンリー・ラボーチャー（1831〜1912）は、英国の政治家であり傑出したジャーナリストでもあった。

> 死刑執行室の中で何かが間違った方向に進んでいた。3つの落下表が使われていた——1888年の委員会のもの、ジェームズ・バー医師のもの、死刑を執行する者なら誰もが使っていたものである。2つの異なる懸念がぶつかった。死刑執行人は窒息死よりも頭部離断を恐れ、より長い落下距離で迅速な死を好ましく思う科学者はその危険性が少ないとして頭部の離断を容認した[148]。ヘンリー・ラボーチャーが〈トゥルース〉[149]に記載した内容はその特徴的な見解を伝えている。
>
> > 私は殺人者が絞殺されるのを見るくらいならむしろ首が切断されるのを見る方がましだ。しかしながら、仮にこの部類の犯罪者の首を取り除くのを望むのであれば、ベリー氏が実行しているような、ロープで胴体から首をねじり取る方法ではなくて、仕事を成し遂げるのにより科学的な方法が速やかに採用されれば良いと思う。……少なくとも、仮に嫌悪をもたらすことがより少ない死刑執行の方法が速やかに考案されなければ、我々は、個人的には非常に遺憾であるが、死刑に反対する長く強力な運動に直面せねばならないのは確実である[150]。

つまり、絞首刑はその落下距離を長くすれば頭部離断の危険性が高くなり、落下距離を短くすればゆっくりとした窒息死の危険性が高くなることが明らかである。

（2）絞架導入の経緯とゆっくりとした窒息死の残虐性

ところで前掲の手塚の著作（255〜261頁）によると、明治3年新律綱領に定められた絞柱による「絞」刑は、

> けや木の柱の前に受刑者を立たせ、その首に巻いた縄を柱の穴から背後に廻し、それに二十貫（弁護人注：75キログラム）の分銅を吊るし、足の下の踏板を外して刑の執行を終わる

方式であった。そしてその状況は、

> 臨刑ノ状ヲ聞クニ囚人空ニ懸ラレ命未タ絶セサル際腹肚起張血耳鼻ヨリ出テ其苦痛言フ可ラズ（明治5年10月鹿児島県伺）

という悲惨なものであった。さらに手塚の著作には以下の記述がある。

この絞柱の不備は、司法省も認め、明治5年8月、正院に次のような伺を提出している。⁽⁷⁾

> 新律綱領獄図中絞罪機械ノ儀ハ実用ニ於テ絶命ニ至ル迄ノ時間モ掛リ罪人ノ苦痛モ有之候ニ付今般西洋器械ヲ模倣シ別紙ノ通リ製造致シ候間従前ノ器械ハ被廃止候様仕度此段相伺候也

西洋器械というのは英国のものである。というのは、その前年に監獄視察のため、香港及びマレーに出張した囚獄司権正小原重成が、同地で実見した図解を持ち帰り、彼が改正意見を具申したためである。

…（中略）…

絞架が絞柱にくらべて、受刑者の苦痛をはるかにやわらげたことは想像にかたくない。おそらく西欧的水準に達した絞刑方法であったのであろう。されば司法省も同年（弁護人注：明治6年）八月の京都府への指令において「絞架ハ英国ノ刑具ヲ現ニ模造シ其絞柱ニ優ル所以ハ器械ノ施用極テ簡便、殊ニ罪人ノ断命速疾ニテ最モ苦痛少ナク実験上其効不少」と自負している。

このような経緯からすれば、布告65号による絞架の制定は、もっぱら受刑者の「断命速疾」を目的に行われたことがわかる。落下距離を減少させて頭部離断を防ぐことは可能であるが、反面ゆっくりとした窒息死によって受刑者が死亡する可能性が高くなる。これはわが国が布告65号によって絞架を導入した趣旨から外れることになる。そればかりか、頭部離断とは異なるゆっくりとした窒息死という新たな残虐性の問題が生じ得る。上記に引用した絞柱による「絞」刑の状況がゆっくりとした窒息死である。絞柱であっても、布告65号による絞架であっても、それらを使用した死刑執行で発生するゆっくりとした窒息死それ自体は医学的に同じである。このような事態を起こし得る絞首刑は憲法36条が禁止する残虐な刑罰に他ならない。

(3) まとめ

以上より、絞首刑において頭部離断の危険性を減らすために落下距離を短くすると、ゆっくりとした窒息死が起こり得ること、ゆっくりとした窒息死は、わが国が絞架を導入した経緯からも、その内容からしても残虐であることを補足した。このような事態を引き起こすので絞首刑は憲法36条に違反する。

3 絞首刑の残虐性と密行性

上告趣意書ですでに述べたが、現在の絞首刑の執行の状況は全く開示されない。しかしながら、絞首刑には頭部離断やゆっくりとした窒息死などといった事故の危険性があることからすると、我が国における死刑の密行性は、その意図がいかなるものであっても、結果的に絞首刑の残虐性を隠蔽していると言わざるを得ない。前掲『イングリッシュ・ローカル・プリズン 1860〜1900』(428〜429頁) を以下に記す。

> 絞首刑はずっと不確実な殺人の方法であった[156]。……(中略)…… 絞首刑をより誤りの少ない方法に変更する試みは、いずれも論争になり得たが、政府には意味のない程度の政治的な実現可能性しかなかった。そして絞首刑を維持せねばならなかったので、比較的高い頻度で、定期的に事故が起こる機会がそのままになった。承認された設備、手順、そして死刑執行人を法により制定して事故をできる限り少なくした後、新聞記者が死刑執行に触れるのを調整することで可能な限りスキャンダルの機会を減らせば良かった。……(中略)……死刑執行室はすでに刑務所がそうなっていたように——社会の中の秘密の場所となった。

同書428頁の脚注156によると、上記引用の「絞首刑はずっと不確実な殺人の方法であった」との文言は、当時の英国内相ヘンリー・マテューズの英国下院における発言に基づく。同内相は、ロバート・アプトンの頭部離断に関して以下のように述べた。

> 「これらの嘆かわしい事故を無くす方法を示唆することは不可能だ」と述べて、「私は事故が頻繁でなくて良かったと思っている」と付け加えた(『国会議事録3』CCCXXIX巻33段、1888年7月20日)。

これらの記述からしても、わが国の死刑の密行性は、結果的に絞首刑の残虐性を隠蔽していると言わざるを得ない。絞首刑が残虐であるが故に、その執行が秘密裏に行われているのではないかという懸念は増すばかりである。

4　小括

以上、わが国の絞首刑は、受刑者の頭部離断やゆっくりとした窒息死を起こし得るので、憲法36条が規定する残虐な刑罰である。この点について補足した。

第2　憲法31条違反

「上告趣意書　第1点　第2　1」〔本書第2章〕において、わが国の死刑で受刑者の頭部離断が起こり得ることを前提として、そのような死刑の執行方法は絞首刑とは言えないから憲法31条に違反する旨を述べた。この論述の後段部分について補足する。

わが国は明治3年に新律綱領において絞と斬を規定した。この絞首刑と斬首刑の併存は明治15年の旧刑法施行まで続いた。その後はわが国の刑法が規定する死刑の執行方法は絞首のみとなり、これは明治41年施行の現行刑法でも維持されている。

旧刑法の編纂の過程で死刑の執行方法から斬首を廃し絞首のみに限定するにあたって、以下のような討論が刑法草案会議においてなされている。「日本刑法草案会議筆記　第Ⅰ分冊」（早稲田大学図書館資料叢刊1、1976年）の77〜78頁より引用する。なお、同会議委員鶴田皓の発言を「鶴」、政府顧問のボアソナード博士の発言を「ボ」と表記し、適宜、句読点を補うなどの変更をした。

　　ボ「欧州各国ニ於テハ、死刑ノ内ニ絞首ト斬首ト二ツノ法アリ。現今、英国ニテハ絞首ノ法ヲ用ヒ、仏国ニテハ斬首ノ法ヲ用ユ。此二ツノ方法トモ各一得一失アルモノナリ。絞首ニ処スルハ、天然ノ身体ヲ具備シ置クヲ以テ、斬首ノ身首処ヲ異ニスルニ勝レリト為スノ主意ナリ。又、斬首ニ処スルハ、其犯人ノ一身ニ取リ速ニ生ヲ断チ其苦痛ヲ覚エサルヲ以テ、絞首ノ苦痛ヲ覚ユル如キモノニ勝レリト為スノ主意ナリ。然シ其真ニ苦痛ヲ覚ユルト否トハ受刑ノ本人アラサレハ他人知リ得ヘキコトニアラス。又、死屍

ヲ親属ヘ下付スルコトニ付テモ、身体ヲ具備シ置ケハ、其親属ニテ其死屍ヲ見タリトモ、別ニ惨酷ノ刑ヲ受ケタリトノ怨ヲ生スルコト薄キノ便利アラントス」

鶴「然リ。此条第一稿ニハ死刑ヲ斬首ト為シタレトモ、元老院ニテモ絞罪ニ処スルヲ可トスルノ議論アリト聞ケリ。殊ニ日本ニテ現今専ラ絞罪ヲ用フルコトナレハ矢張之ヲ絞罪ニ改メントス」

このようにわが国が斬首を廃し絞首のみを刑法大系に取り入れた理由は、絞首が「天然ノ身体ヲ具備シ置クヲ以テ、斬首ノ身首処ヲ異ニスルニ勝レリト為スノ主意」であったことが明らかである。

すでに上告趣意書で述べたとおり、新律綱領と布告65号で規定された絞、旧刑法下の絞首、ならびに現行刑法下の絞首は同一の死刑執行方法である。わが国がその刑法大系の中に絞首を取り入れ、斬首を廃した経緯からしても、受刑者の頭部離断が起こればそれは現行刑法11条などの定める絞首ではない。

受刑者の頭部離断が発生し得る死刑は、憲法31条に違反することについて補足した。

第3 結論

以上、わが国の死刑が憲法31条、36条に違反するとの「上告趣意書 第1点」の内容を補足した。原判決は刑事訴訟法410条1項により破棄されるべきである。

小野澤おとわ（とわ）の新聞記事(1)

■上告趣意書補充書(1)　資料1

　1883（明治16）年7月6日、小野澤おとわ（〈東京絵入新聞〉は名前を「とわ」と表記しています）は、市ヶ谷監獄署で絞首刑を執行されました。その時に彼女の首は半ば切断されてしまいました。弁護人は、その様子を報道する同7日付〈読売新聞〉の記事のコピーとワープロ打ちを最高裁に提出しましたが、本書では記事のコピーと現代語訳を載せます。

読売新聞　1883年（明治16年）7月7日記事

○駒込富士前町の小野澤おとわ（三十七年）の犯罪事件ハ前號に委しく記載せし通り同人ハ昨年七月二十五日南豊島郡中里村圓勝寺の住職藤澤立信の母親おりかと蚊帳の釣緒にて絞り殺せし科に依り同年十二月十六日東京重罪裁判所にて刑法第二百九十六條に照し死刑に處せられし裁判に服せず大審院に上告せしに付同院にて審理のとゞ原裁判を破毀し更に刑法第三百八十條強盗人を傷け死に致しさるとの條に依り死刑に處とすと宣告せられ判確定せしにつき大木司法卿の命令に依り昨日午前八時三十分市ヶ谷監獄署内の刑場にて死刑を執行せられし摸様と聞くに重罪所より中川檢事が昔記内川何某が出張せられ監獄署の副典獄其他の獄吏が出張ありて用意全く調ひたれど頓て押丁監守人等にて刑場の傍なる假牢の内に扣へしおとわの囚衣を脱がせて最初取り着せ居りし裕衣を着せ淺草紙にて面部を覆ひ後手に縛りしまゝ刑場へ引出し刑臺の梯を上りて内に入り頓て監守より用意の調ひし首と告りて一丈餘の高き處より二と均しくおとわの体ハ絞り一丈餘の高き處よりズドンと釣り下りし處同人ハ肥満にて身體の重かりし故か釣り下る機會に首が半分ほど引き切れたり血潮が四方へ迸しり五分間はどにて全く絶命されゝゞ縊縄を解き死體ハ法の如く埋葬にあるべき處どおとわの兄何某より死骸のお下渡しを願ひ出所につき直に聞届けて同人へ引渡されとといふ

《現代語訳》

　駒込富士前町の小野澤おとわ（37歳3ヶ月）の犯罪事件は、前号に詳しく記載した通りである。同人は、昨年（訳注：明治15〔1982〕年）7月25日南豊島郡中里村円勝寺の住職・藤澤立信の母親お里かを蚊帳の釣緒で絞殺した罪によって、同年12月16日東京重罪裁判所で刑法第296条に照し死刑判決を受けた。この裁判に服さないで大審院に上告したので、同院で審理の末、（同院は）原判決を破棄し、更に刑法第380条「強盗人を傷し死に致したる」との条文により死刑に処すと判決を宣告なさった。死刑が確定したので、大木司法卿の命令により、昨日（訳注：7月6日）午前8時30分市ヶ谷監獄署内の刑場で（おとわが）死刑を執行された様子を（記者が）聞いた。重罪裁判所から中川検事と書記内川何某（訳注：市川の誤りか）が出張なさって、また監獄署の副署長やその他の監獄書官吏の出張があった。用意が全く調ったので、間もなく押丁や看守たちが、刑場の傍にある仮牢の中にいたおとわの囚衣を脱がせて、（おとわが）最初に身柄を取り押えられた時に着ていた袷衣を着せた。浅草紙（訳注：再生した質の悪い和紙）で顔を覆い、後ろ手に縛ったままで刑場に引き出した。死刑台の梯を上がって内に入り、間もなく看守が用意の調った旨を告げた。死刑台の踏板を外すと同時におとわの体は首を縊られたままで一丈（訳注：約3メートル）余りの高所からズドンと吊り下った。同人は、肥満していて体重が重かったためか、吊り下ったとたんに首が半分ほど引き切れたので、血潮があたりに迸った。五分間ほどで全く絶命したので、（看守は）ロープを解いた。死体は、埋葬すべきところをおとわの兄何某から遺体の下げ渡しの願い出があったので、（監獄署は）法の定める通り直ちに聞き届け、（遺体は）兄に引き渡されたということだ。

小野澤とわ（おとわ）の新聞記事(2)

■上告趣意書補充書(1)　資料２

　1883（明治16）年７月６日の小野澤とわ（〈読売新聞〉は名前を「おとわ」と表記しています）の死刑執行は、翌日の〈東京絵入新聞〉でも報道されています（ここでは彼女の名前は「とわ」と表記されています）。〈読売新聞〉と同様に彼女の首が半ば切断されたことが分かります。弁護人は、この記事のコピーとワープロ打ちを最高裁に提出しましたが、本書では記事のコピーと現代語訳を載せます。

東京絵入新聞　1883年（明治16年）７月７日記事

◎去年十二月十六日ニ死刑の宣告ありしを不服にて上告ーたる駒込富士前町廿五番地の小野澤とわ（六十）ガ夫ゑひとしき中里村圓勝寺の住職藤澤立信の實母りかを絞り殺したる件にて上告を棄却され前裁判のごとく昨日午前第八時三十分市ヶ谷監獄署におゐて死刑お處せられぬ立合檢事中川忠純君書記市川重胤君其他典獄の諸員立列ゐれ例の如くとわを呼出して刑場に就しめられ踏板を外し躰を墮落せしむる當りとわが肥滿質にて重量のありし故にや絞縄ぐゐろく咽喉ゐ喰ひ込みしと見ゑ鼻口咽喉より鮮血迸しり忽地ましてお死に就たるにいとあさましき姿なりし稍ありて死体を解下されたれど絞縄のくひ入てれさる故刄物を以て切斷し直に棺ゑをさめられしが死骸ハ兄調谷新助の願ひより同人へ下渡されしと

《現代語訳》

　駒込富士前町25番地小野澤とわ（38）が、事実上の夫である中里村円勝寺住職藤澤立信の実母りかを絞殺した件で、去年（訳注：明治16〔1883〕年）12月16日に死刑の宣告があった。とわはこれを不服として上告したが、この件は棄却され、この判決の通り昨日（訳注：7月7日）午前8時30分に市ヶ谷監獄署でとわは死刑に処せられた。立会検事・中川忠純氏、書記・市川重胤氏、その他看守の面々が立ち並んでいらっしゃる中で、定められた通りにとわを呼び出して刑場に向かわせた。踏板を外して（とわの）体を落下させる時、とわが肥満して体重があったためか、絞縄が深く咽喉に食い込んだようで、鼻・口・咽喉から鮮血がほとばしり、たちまちに死亡したのは無残な姿であった。しばらくして（看守がロープを）解き死体を下ろしなさったけれど、絞縄がくい込んでいて外すことができなかったので、刃物を使って切断して直に棺にお納めになった。死骸は兄関谷新助の願いにより同人へ下げ渡されたそうである。

絞首刑で即死するか？

■上告趣意書補充書(1)　資料17

　弁護人は、英国のカーディフ国立病院・ウェールズ法医学研究所のリック・ジェームズ医師他１名が書いた論文「The occurrence of cervical fractures in victims of judicial hanging（絞首刑の刑死者における頸部骨折の頻度）」（Forensic Science International, 54（1992）81-91、国際法科学54巻81～91頁）の原文（英語）コピーとその和訳を最高裁に提出しました。本書ではその抄訳を載せます。ジェームズ医師は絞首刑による死が、必ずしも迅速でないことを述べ、絞首刑が適切な死刑の執行方法か否かについて疑問を述べています。

《和訳》
絞首刑の刑死者における頸部骨折の頻度

　（冒頭略）

　絞首による処刑は、聖書の時代の初期以来ずっと実施されていて［1, 2］、紀元449年ころに始まった侵入の結果として、アングル族・サクソン族・ジュート族によってイングランドに持ち込まれたが、実際はそれ以前から犯罪者を窮地に陥れていた［3］。斬首刑は時として揺れ動く貴族政治に用いられた。より多く用いられることもあったのは外国の釜ゆで刑、火あぶり刑、圧殺刑、溺死刑、絞首刑、四肢切断刑、四つ裂き刑であった。鎖で吊してさらし者にする刑は、犯罪を抑止する効果（もしくは見世物的な価値）をそのセレモニーに加えるために用いられた。それでも、絞首刑は1965年に殺人に対して死刑が廃止されるまで、何世紀ものあいだずっと英国の死刑執行人の主要な生活の糧であった。

　絞首刑に関するその時代ごとの記述は、絞首刑の頻度、絞首刑に対する大衆の評価、および判決を執行する絞首刑執行人が用いる技術が、変化する方向を示している。絞首刑の始まりは、死刑に処せられる者がロープの端で'ダンスして'ゆっくりと窒息していく処刑方法であったが、それ以来、完全な――'き

れいで瞬間的な'処刑を追求して、何世代にもわたる絞首刑執行人の努力とともに、より科学的な探求がなされてきた。落下する距離；縛り方；ロープの太さ；結び目の位置；これらの修正の全てが多様な、時には悲惨な結果を引き起こした。

　公開で絞首刑が行われていた間は、瞬間的な死という主張はなかったが、1868年に公開処刑が廃止された後は、それ以来、個人の処刑に関しての記載がほとんど無いので死の迅速性を評価することは困難である。実際のところ、今世紀の初めから単に情報が発表されるだけとなり、それは政府の指示により'何事もなく死刑は執行され、ほぼ即死であった'との趣旨の短い声明であった。絞首刑でのどんな'都合の悪い出来事'もその死刑執行に立ち会った者の1人が話をしようと思わなければ、世間の知るところとはならなかった。絞首刑執行人は死刑執行後の検死に立ち会うよう要求されることなく、これらはしばしば医学的な情報を収集することもなく手短に終わる業務であった。

　例えばピエールポイントのようなその後の絞首刑執行人が刊行した回想録は、全例で瞬間的な死が起こったと主張しているが、問題にされてないわけではなく、ロングドロップ法の導入の後に'きれいで瞬間的な死'という結果に終わらなかった絞首刑があったという根拠がある。

（中略）

　ホートン教授は19世紀半ばに絞首刑の改良の運動の最前線に立ち、一連の提案の中で瞬間的な死を目的として、結び目を左耳か顎の下にするロングドロップの導入を求めた［12］。前者の方法がカルクラフトの後継者であるマーウッドに採用された。マーウッドは、その後継者のビンスがそうしたように、8フィート（訳注：2.44メートル）ほどの落下距離を用いる傾向があった。マーウッドは、紐穴のある真鍮の金具を付けたロープを採用した。その金具にロープの一端が固定され、もう一端がその穴を通って自由に動く輪縄を形作った。紐穴はゴム製のワッシャーで左の下顎角に固定された。本邦において絞首刑が廃止されるまで本質的に変わることなく維持された。この方法は、首の骨折もしくは脱臼による即死を起こすことを意図していた。1884年に絞首刑執行人となったベリーは、1885年にロバート・グッダルの不幸な頭部離断まで同じ落下

距離を用いていたが、その後、改訂した落下表を作成した［13］。一般からの圧力で、死刑判決に関する審議会が設置され、死刑の執行方法について報告した。そのさいに強制的な過伸展によってより効果的であると主張して顎下の結び目を採用するようにとの強い請願があったにもかかわらず、同委員会は、新しい基準に基づく落下表——ベリーのものより短い——を作り、左の耳下の結び目を継続して使用するよう推奨した。（中略）この間、絞首刑執行人としての技は失われないように絞首刑執行人から絞首刑執行人へと伝えられた——ベリーはマーウッドから習った；ヘンリー・ピエールポイントは弟のトムを教え込んだ；トムはアルバート・ピエールポイントと後の絞首刑執行人でアルバート・ピエールポイントによる処刑で何度も助手を務めたスティーブ・ウエイドを教え込んだ。左の耳下の結び目と落下距離を含む死刑の執行方法はベリーの時代（1884年）から廃止まで変化がなかった。しかし、ベリーによるいくつかの処刑で、首の骨折、脱臼あるいは意識の消失も起こらず、'強烈で不必要な苦痛が何分もの間'起こっているのを目撃したJ.J.ド・ズーシェ・マーシャルによると、ベリーは頭部離断や絞首の失敗を含む大失敗を少なくとも3回は経験していた［16］。多くの死の原因が剖検により窒息に帰せられ、個々の処刑での出来事、特に失敗したと伝えられる1923年のエデイス・トンプソンの処刑について多くの疑問が投げかけられた。そのような出来事に関わった絞首刑執行人は絞首刑の迅速さを賞揚された上に、'軽微な事故'はあり得るものだとの言葉をかけられたが、こうして'政府の幹部は絞首刑執行人の体面を保ってやった。そうしないわけにはいかなかったからである'［17］。これにもかかわらず、1949年に死刑に関する英国審議会の証言で、アルバート・ピエールポイントは全て瞬間的な死であったと主張したが、彼は、結び目を正しい位置に置き、落下距離を決めるのには多大な経験が必要で——数インチの問題があっという間の死とゆっくりとした絞殺の分かれ道であるとも述べた。もし、瞬間的な死を起こすのに失敗する場面を目撃したことがないのであれば、彼はどうやって落下距離の際どい性質を知ったのだろうと想像することは興味深い。さらに、常に成功を収めたというこの主張からすると、当時多くの刑死者の剖検を行った有名なバーナード・スピルスバーグ卿が、絞首刑を研究して、その効

果や死の迅速性を高めるために落下距離の適正化をあえて示唆したことは驚くべきことである。

　つまり、上記の期間（その後も何らかの改良が起こったと推定する理由はない）の絞首刑による死が、必ずしも迅速ではなく、もし当時の目撃証言を信ずるのであれば、時として長引いて残虐であったという信頼するに足る証拠があることは明らかだ。（中略）死をもたらす方法としてロングドロップを用いた絞首刑は疑いなく効果的であるにもかかわらず、失敗なく迅速に効果が出るという点に関しては根強い議論があり、'ほぼ瞬間的' であるとの広く流布された死の描写には疑問を投げかける。このことは重大な含蓄がある：ほとんどの共同体は意見の一致を見るであろうが、いかなる死刑執行の方法もその内実において迅速かつ苦痛なしであるべきであり、したがってどんな方法の死刑であっても、その迅速性が、それを用いることが受け入れられるか否かに関しての中心的な論点である。万一、死刑を再導入する政府があるならば、絞首刑を適切な方法として採用することには真剣に疑問が呈されなければならない。

日本が絞首刑だけを採用した理由

■上告趣意書補充書(1)　資料19

　弁護人は、早稲田大学鶴田文書研究会・早稲田大学編『日本刑法草案会議第１分冊』のコピーを最高裁に提出しました。本書では77頁上段後ろから７行目〜78頁上段後ろから７行目を現代語訳して載せます。ボアソナードと鶴田晧は、1882（明治15）年施行の旧刑法制定にあたって、当時の日本で行なわれていた絞首刑と斬首刑の２種類の死刑執行方法のうちから、絞首刑のみを採用し斬首刑を採用しないことを決めています。絞首刑を採用したのは、死刑囚本人の苦痛がないからではなく、斬首刑のように体が切り離されることがないためでした。旧刑法以来、日本は、軍法会議による銃殺刑を除き（戦後廃止）、死刑の執行方法として絞首刑だけを採用しています。

《現代語訳》
ボアソナード
　「欧州の各国では、死刑の内に絞首と斬首の２つの方法があります。現在、英国では絞首の方法を用い、フランスでは斬首の方法を用いています。この２つの方法とも、それぞれ一長一短があります。絞首に処するのは生来の身体を（傷付けないで）保つので、斬首で体と頭が切り離されるのに勝るとの考えからです。また、斬首に処するのはその犯人の身にとって速やかに生命が絶たれ、（その犯人が）苦痛を覚えないので、絞首のように苦痛を覚えるものに勝るとの考えからです。しかし、本当に苦痛を覚えるのか否かは、刑を受ける本人でないので他人が知ることはできません。また、死体を親族に下げ渡すことについても、身体を（傷付けないで）保っておけば、その親族が死体を見ても、格別、残酷な刑を受けたとの恨みを生じる可能性が低いという利点があります」。
鶴田
　「そのとおりですね。この条文の第１稿では、死刑は斬首としたけれども、元老院でも絞罪（注：絞首刑）に処するべきであるとの議論があったと聞きま

した。ことに日本では現在絞罪をもっぱら使用しているので、やはり絞罪に改めようと思います」。
ボアソナード
　「賛成です。今まで論じたとおり、人情から、斬首して身体を2つに切り離すのを避けるのであれば、絞罪にしても良いです。しかし、本人に苦痛を感じさせないというのであれば、斬首にするべきです。もっともその者が苦痛を感ずるか否かは刑を受ける本人でなければそれを知る者はいない訳ですけれど、理屈の上から考えれば、まず刀のひと振りでその生命を絶つので苦痛がないと考えました。よって第1稿では斬首としたわけです」。
　この時に日本の絞罪の図（注：明治6年太政官布告65号の図面と考えられる）を示した。
鶴田
　「近来はこの図のような器械（注：絞首台）を用いて、間違いなく苦痛を起こさせないように上手く執行できます」。
ボアソナード
　「すでに現在、米英とももっぱら絞罪を用いています。加えて、犯人の体を2分しないとの考えならば、絞罪にしても問題ありません。フランスで斬首を用いる理由は、昔の封建制度の時代に貴族は斬首し、平民は絞罪としていました。貴族を斬首するのは貴族という身分を尊ぶからです。しかし、1700年代の改革で貴族・平民とも平等に取り扱うべきであるという論拠によって、以前は卑しんでいた方法を廃して尊んでいた方法を用いることにしたために、等しく斬首することとしたわけです。もとよりそれ以外の考えがあったわけではありません。ですので自分はどちらでも異論はありません」。
鶴田
　「体と首が切り離された時には、親族に下げ渡すに当たっても耐え難いことが大いにあるだろうと思います」。
ボアソナード
　「そのとおりです。斬首を絞首に改めるのは、たとえ罪人であっても貴重な人間の身体を分裂させないようにするとの考えに立つべきです。もし、苦痛で

あるかどうであるかの考えに立つ時は、本当に道理に適ったものとは言い難いです」。
鶴田
　「それでしたら、絞罪に改めることに決定しましょう」。

第4章

法医学者の見解(1)
日本の刑場でも首の切断や
ゆっくりとした窒息死がおこる

　2010（平成22）年9月15日、弁護人はヴァルテル・ラブル博士に絞首刑についての最初の質問を電子メールで送りました。それに対してラブル博士は回答書を電子メールで返送し、弁護人はその回答書を同年の11月25日に受け取りました。ラブル博士による訂正ののち、弁護人はこの回答書をラブル博士回答書(1)として最高裁に提出しました。本書では、さらに他の書類との表記の統一などの修正を加えました。また、ラブル博士がこれまでに執筆した論文77点のリストは省略しました。

　弁護人の質問に対して、ラブル博士が答えています。太い活字がラブル博士の回答です。

ラブル博士回答書(1)

弁護人の質問 1 ～ 11 とラブル博士の回答

以下の質問に御回答下さい。回答方法については、質問 1 にまず御回答頂くようお願いいたしますが、その他の質問に関しては各質問に個々に御回答頂いても一括してお答え頂いてもいずれでも結構です。

質問 1　貴殿の法医科学者としての経歴と業績（著作および論文）についてお書き下さい。

ヴァルテル・ラブル	大学助教授（医学博士）
1977〜1983年	インスブルック・レオポルト―フランツ大学で医学を学ぶ
1983〜1989年	インスブルック法医学研究所（GMI）医学専攻
1985年	公衆衛生官研修
1992年以降	公的証明および認定を受けた法医学専門医（法毒物学および生物染色を含む）
1991〜1992年	スイス、ザンクト・ガレン法医学研究所。ザンクト・ガレン市公衆衛生官
1998年	博士号取得後教授資格取得（テーマ：「心肺蘇生により発生した損傷」）
1986〜2000年	GMI生物染色分析部門。1997年以降オーストリア国立DNAデータベース。
2000年以降	GMI法毒物学部門（2002年以降ISO/IEC17025認証による研究施設）
2004年以降	オーストリア法医学会会長（ÖGGM；www.oeggm.com）
現在の地位	インスブルック法医学研究所副所長

質問2 絞首刑において絞首された者の頭部離断（完全な離断および不完全な離断を含む）は起こり得るのでしょうか。仮にそうであれば、どのような条件の下で起こり得るのでしょうか。貴殿は頭部離断を伴う縊死に関してどんな調査・研究をなされましたか。その方法と結果を御説明下さい（ファイル番号1～7を添付しております〈注：日、豪、米、加、イラクおよび英国の絞首刑で首が切断された例を示す資料〉）。

> **起こり得ます。頭部離断の危険性はいくつかの要因に依存しています。ロープの長さ、ロープの柔軟性、絞首された者の体重、ロープの太さ、結び目の位置等……**
>
> **首つり自殺による完全な頭部離断の1事例に基づいて、我々は完全な頭部離断に必要とされる力に関する生体力学的実験および計算を行いました。頸部の皮膚（150ニュートン毎センチメートル）、摘出したままの頸椎（1000ニュートン）および頸部の筋肉（例えば胸鎖乳突筋で──80ニュートン）の引っ張り強さを加算して、我々は頭部離断の限界値が約12000ニュートンであると理解しました。次に我々は体重およびロープの長さに依存する等力曲線を算出しました。ロープの弾性および輪縄が締まることによって生ずるロープの長さの延長は係数s（減速距離）として表現されました。論文は1995年に刊行されました（ラブルら「頭部離断を伴った縊死　事例報告　生体力学」〈犯罪学雑誌〉195巻31～37頁）。**

質問3 英国の「死刑に関する英国審議会（1949～1953）」は「受刑者は過度に短い落下距離を落とされゆっくりと窒息して死亡する可能性があった」（参考資料7）と報告しました。絞首刑において絞首された者が意識を保ったままでゆっくりと窒息死することは起こり得るのでしょうか。

> **起こり得ます。これは典型的な死因でしょう。延髄の圧迫を伴う椎骨の脱臼骨折によって起こる迅速な死は、通常の絞首刑において異例の事です。**

質問4 貴殿は「絞首刑による死因の多様性」（〈放射線学〉196巻3号615頁）に言及されました。絞首刑においてあり得る死因を全て列挙して下さい。

- 頸部の動静脈の圧迫によって起こる窒息
- 咽頭の閉塞によって起こるゆっくりとした窒息（非対称的な絞扼の場合、1～2分間意識がある可能性がある）
- 頭部離断
- 延髄の圧迫を伴う椎骨骨折（まれ）
- 迷走神経損傷によって起こる急性心停止

質問5　絞首刑による死は「ほぼ瞬間的」としばしば言われます。それは真実でしょうか。回答の理由もお示し下さい。

　　絞首刑によって起こる死が「ほぼ瞬間的」であるのはごくわずかな例外——延髄が深刻な損傷を受けた時だけです。頸部の動脈（頸動脈および椎骨動脈）の完全閉塞の場合、意識失消までに5～8秒かかります。直後に心停止をきたすような迷走神経への強い刺激があった場合（まれ）には、意識がある時間は約10～12秒続きます。もし全ての頸部の動脈が圧迫されなければ（これはロープの非対称的な位置のために絞首刑において典型的です!!）、意識のある時間は2～3分に及んで続くかも知れません。

　以下の質問6～9は日本の絞首刑についてです。最高裁判所は明治6年太政官布告65号（参考資料9）の有効性を認めています。仮に現行の絞首刑が同布告に従って執行されているのであれば、「落下表」（訳注：絞首刑を執行する際に、受刑者の体重に応じて同人を落下させる距離を決定し、ロープの長さを調整するための表）に基づいて死刑を執行する余地はありません。しかし、実際に表（もしくは類似したもの）を実際に使用しているか否かは明らかではありません。私共は日本において落下表が少なくとも正式には採用されていないと言うことができます。

質問6　1883年7月6日の絞首刑執行中に不完全な頭部離断事故が発生したと報じた2つの新聞記事（参考資料1および2〈注：絞首刑で小野澤おとわの首が切断されたと報じる新聞記事〉）を添付しております。この事故の原因を

推定して頂けますか。

　　新聞記事は絞首刑執行中の不完全な頭部離断の1事例を記述しています。この事故は長過ぎるロープ（落下の高さ）と死刑囚の高体重の組み合わせで起こったと最も考えられます。弾力性がないロープが固く結ばれていれば、それは促進要因となった可能性があります。

質問7　仮に法律（参考資料8〈注：刑法11条1項および刑事収容法179条〉）および布告（参考資料9）に基づいて、高さ約4メートルの踏み板がある現在の日本の刑場で絞首刑が執行されるとして、頭部離断やゆっくりとした窒息死の可能性がありますか。日本の絞首刑における頭部離断や意識を保ったままのゆっくりとした窒息死の危険性は落下表を使用している国と同じでしょうか。回答の理由を御説明下さい。

　　もちろん日本のこの前提下では、頭部離断もしくは意識を保ったままのゆっくりとした窒息死の高い危険性が存在するでしょう。「正確な」落下表なるものがあるとすれば、それは一方で頭部離断の危険性を減らすかも知れませんが、他方でより低い落下の高さ（ロープの長さ）は意識を保ったままのゆっくりとした窒息死の危険性を増やします。落下の高さと体重以外にも、絞首刑による損傷のパターンに影響するいくつかの重要な要因があります。例えば、ロープの力学的な特性、解剖学的差異、結び目の種類……　落下の長さが、予想通りの、もしくは一定の結果をもたらすことはないと既に示されています（レイラ「絞首刑で発生した損傷」〈米国法医病理学雑誌〉15巻183〜186頁、1994年）

質問8　100キログラムもしくはそれ以上の体重のある（私共の依頼人のような）受刑者の絞首刑における頭部離断と意識を保ったままのゆっくりとした窒息死の危険性は、69.1キログラム（2005年の40〜49歳日本人男性の平均体重）の男性と同じでしょうか。貴殿は100キログラムを超過する体重の受刑者全員に対して「適切な」落下距離を与えることができるとお考えでしょうか（参考資料11〈重い体重の死刑囚の絞首刑で、首の切断の可能性を認めた米国の判決〉

およひ12〈米軍の死刑執行マニュアル〉)。回答の理由を御説明下さい。

 体重だけからは「適切な」落下距離を算出できる可能性はありません。発生する力の程度と方向に影響する他の要因がいくつか他にあります。仮に正確な力を計算することができたとしても、この力が特定の個人に対してどのような効果をおよぼすかは予想することはできません。

 ノークスらは1999年に、頭部離断、脊髄切断による迅速な意識消失、および一定時間明瞭な意識があった後の死の間には明確な境界点がないと述べました(ノークスら「絞首刑の生体力学 事例報告」〈法医科学〉39巻61~64頁、1999年)。

質問9　落下表の正式な採用もしくは他の科学的な改良によって日本の絞首刑から頭部離断や意識を保ったままのゆっくりとした窒息死の危険性を同時になくすことは可能とお考えですか。回答の理由を御説明下さい。

 落下表が正式に採用されても頭部離断や意識を保ったままのゆっくりとした窒息死の危険性を減らすことはできません。なぜならそのような表は損傷のパターンを決める全ての要素を取り込むことができないからです。

質問10　もしあれば、貴殿がお考えになる絞首刑の残虐性を御説明いただけますか。それを銃殺刑および致死薬物注射の残虐性と比較して頂けますか。

 私の意見では、いかなる死刑の執行方法も残虐であり、かつオーストリアの医師が資格を取って卒業する日に遵守を宣言するヒポクラテスの誓いと矛盾します。特定の個人に対する影響を予見し得る科学的な可能性がないので、絞首刑は残虐な行為の極端な実例です。絞首刑の多くの場合、死は瞬間的ではなく、一定の時間意識があった後に起こり、したがって、死刑を執行される者に不必要な苦痛と傷害が起こります。

質問11　法医科学者として絞首刑に関して何か述べる事があれば、御自由にお書き下さい。

 私の個人的な意見は死刑は世界中から廃止されるべきだということです。

絞首刑は、多くの場合において死刑囚に不必要かつ予想不能な意識のある時間をもたらし、残酷な死ぬに死ねない苦痛を伴っている、野蛮で時代遅れの死刑執行方法です。

ヴァルテル・ラブル　大学助教授（医学博士）
法医学研究所
インスブルック医科大学
ミューラーストラッセ44
A-6020　インスブルック　オーストリア
（「論文一覧」を省略）

《英文》
Dr. Rabl's Opinion (1)

Questions 1-11 by defense counselors and answers by Dr. Rabl

Please give us your answers to the following questions. Concerning the style of the answers, we request you to answer Q1 at first; regarding the other questions, you can choose either to answer the questions one by one, or cover the all of the questions comprehensively in one integrated answer. Thank you again for your consideration.

Q1. Could you please write about your career and achievements (books and articles, etc) as a forensic scientist?

A. Univ. Prof. Dr. Walter Rabl

1977 - 1983　study of medicine Leopold-Franzens-University Innsbruck

1983 - 1989　medical specialisation Institute of Legal Medicine Innsbruck (GMI)

1985　apprenticeship for public health officer

since 1992　officially certified and autorized expert for forensic medicine, including forensic toxicology and biological stains

1991 - 1992　Institute of Forensic Medicine St.Gallen, Switzerland; public health officer for the city of St. Gallen

1998　postdoctoral lecture qualification (Theme : "Injuries caused by cardiopulmonary resuscitation")

1986 - 2000　GMI department of biological stain analysis; since 1997 National DNA Database of Austria

since 2000　GMI department of forensic toxicology (since 2002 accreditated laboratory according to ISO/IEC 17025)

since 2004　president of the Austrian Society of Forensic Medicine (ÖGGM;

www.oeggm.com)
actual position   Vice director of the Institute of Legal Medicine Innsbruck

Q2. Is it possible that decapitation (DC : including complete and incomplete one) of a hanged person would occur in judicial hanging (JH)? If so, under what conditions could it occur? What kinds of studies and researches have you made concerning hanging with DC? Please explain your methods and results. (We have attached files No.1 – 7.)

Yes. The risk of decapitation depends on several factors : length of the rope; flexibility of the rope; weight of the hanged person; thickness of the rope; position of the knob; ...

Based on a case of complete decapitation caused by suicidal hanging we did biomechanical experiments and calculations concerning the forces needed for a complete decapitation. By adding the tensile strengths of neck skin (150 Newton/cm), native cervical spine (1000 Newton) and neck muscles (e.g. M. sternocleidomastoideus – 80 Newton) we found the critical value for decapitation at approximately 12000 Newton. Then we calculated iso-force-curves for 12000 Newton depending on the body weight and rope length. Elasticity of the rope and elongation of the rope length caused by tightening of the loop were expressed as the factor s (distance of deceleration). The article was published in 1995 (Rabl et al.: Erhängen mit Dekapitation. Kasuistik – Biomechanik. Archiv Kriminologie 195 : 31-37)

Q3. Royal Commission on Capital Punishment (1949-1953) in UK reported that 'a man might be given too short a drop and die slowly of strangulation '(ref.7). Is it possible that slow strangulation with consciousness (SSC) of a hanged person would occur in JH?

Yes. This would be a typical cause of death. An immediate death caused by displaced vertebral fracture with compression of the medulla oblongata is the exception of the rule in cases of judicial hanging.

Q4. You mentioned 'the variability of the causes of death by hanging' (*Radiology* Vol.196 no.3 p.615). Could you enumerate every possible cause of death which could happen in JH?
 -Asphyxia caused by compression of cervical veins and arteries;
 -slow asphyxiation caused by occlusion of the pharynx (1-2 minutes of consciousness are possible in the case of asymmetrical strangulation);
 -decapitation;
 -cervical fractures with compression of the medulla oblongata (rare);
 -acute cardiac arrest caused by injury of the vagus nerve

Q5. It is often said that the death caused by JH is 'almost instantaneous'. Is it true? Please show us the reason of your answer too.
 Death caused by judicial hanging only exceptionally is "almost instantaneous" – when the medulla oblongata is severely injured. In the case of complete occlusion of the cervical arteries (Carotids and vertebral arteries) it lasts for 5 – 8 seconds until unconsciousness occurs. In the (rare) case of severe irritation of the nervus vagus with following cardiac arrest the period of consciousness lasts for approximately 10-12 seconds. If not all cervical arteries are compressed (typical in judicial hanging because of the asymmetric position of the rope!!), the period of consciousness may last for up to 2-3 minutes.

Questions Q6 - 9 below are about JH in Japan. The Supreme Court has confirmed the validity of Decree No.65 in 1873 (ref.9). If actual JH has been carried out according to the decree, there is no room for carrying out executions based on 'a drop table'. But it is not clear whether they actually use the table (or something like that) or not. We can say, no drop table is adopted at least officially in Japan.

Q6. We have attached two news stories of Japanese newspapers reporting an accident during the execution of JH with incomplete DC on July 6, 1883 (refs.1 and 2). Could you infer the cause of this accident?

> The newspaper articles describe a case of incomplete decapitation during judicial hanging. Most likely this accident was caused by a combination of a too long rope (fall height) and a high body weight of the prisoner. A higher tightness of the rope with little flexibility could have been a promotive factor.

Q7. In case where JH is carried out according to the law (ref.8) and the decree (ref.9) at the present gallows with the trapdoor of the height of about 4 meters in Japan, do you think there are any risk of DC and SSC? Do you think that the risks of DC and SSC in Japanese JH are as the same level as those in countries where they use the drop table? Please explain the reasons of your answers.

> Of course with this preconditions in Japan there will remain high risks of DC or SSC. An "accurate" drop table may reduce the risk of DC on one hand, but on the other hand lower falling heights (rope lengths) increase the risk of SSC. There are several other important factors beside falling height and body weight that influence the injury patterns of judicial hangings, e.g. mechanical properties of the rope; anatomical differences; kind of knot; …
>
> It has been shown, that the length of the drop does not produce expected or consistent results (Reay et al. Injuries produced by judicial hanging. Am J Forensic Med Pathol 1994; 15 : 183-186)

Q8. Do you think that both risks of DC and SCC in JH of an inmate with 100 kilograms or more weight (like our client) are the same as those of a man with 69.1 kilograms (the average body weight of Japanese male at the age of 40-49 in 2005)? Do you think they can give 'proper' drops to all condemned inmates over the weight of 100 kilograms (ref.11 and 12)? Please explain the reasons of your answers.

> There is no possibility to derive "proper" drops from the body weight only. There are several other factors that affect extent and direction of the resulting forces. Even if one could calculate the exact forces, it cannot be anticipated which effect this forces would have on a specific individual.
>
> Nokes et al. stated in 1999, that there is no clear cut-off point between DC, immediate unconsciousness due to spinal cord disruption and death following a period of apparent consciousness (Nokes et al. Biomechanics of judicial hanging. A case report. Med Sci Law 1999; 39 : 61-64)

Q9. Do you think that an official adoption of a drop table or any other scientific reforms can eliminate both risks of DC and SSC from JH in Japan? Please explain the reasons of your answer.

> An official drop table cannot eliminate the risks of DC and SSC, because such a drop table cannot include all factors that contribute to the injury patterns.

Q10. Could you explain the cruelty of JH you think, if any? Could you compare it with that of shooting and lethal injection?

> Any method of death penalty in my opinion is cruel and incompatible with the Hippocratic oath, physicians in Austria are committed to take on graduation day. Judicial hanging is an exceptional example of cruelty because there is no scientific possibility to predict the effects of JH on a specific person. In most cases of judicial hanging death will occur not instantaneously but after a period of consciousness and therefore unnecessary

pain and harm to the person concerned.

Q11. If you have anything to say about JH as a forensic scientist, please write it freely.

My personal opinion is that death penalty should be abolished all over the world. Judicial hanging is a barbarous archaic method of execution that in many cases leads to unnecessary and unpredictable periods of consciousness associated with inhuman tantalization of the convicted.

A. Univ. Prof.Dr. Walter Rabl
Institute of Legal Medicine
Medical University of Innsbruck
Muellerstrasse 44
A-6020 Innsbruck/Austria

('List of publications' omitted)

Otowa (Towa) Onozawa's Story (1)

■Reference 1 in Dr. Rabl's opinion

The Yomiuri Newspaper July 7, 1883

As reported in a previous issue of this newspaper, the crime that Otowa Onozawa (female, age 37 years and 3 months, at Komagome-Fuji Machi) committed was that she had strangled Orika Fujisawa, the mother of Risshin Fujisawa, with a mosquito net strap, on July 25, 1882. Risshin Fujisawa was the chief priest of Enshoji Temple at Nakazato Mura in Minamitoshima County.

For this crime, Otowa was sentenced to death by hanging under Penal Code §296 on December 16 of the same year at Tokyo Felony Court (the court of first instance). She appealed the sentence to the court of last resort, the former Supreme Court (Daishinin). After the proceedings, the Supreme Court reversed the sentence, changed the applicable article of law, and sentenced her to death by hanging again, under Penal Code §380, robbery resulting in death. The death penalty was thereby finalized. Therefore, by order of Minister of Justice Ohki, Otowa was executed at 8 : 30am yesterday, at the gallows of Ichigaya Prison. The execution event was said to be as follows.

Prosecutor Nakagawa and secretary Ichikawa came from Tokyo Felony Court. The deputy warden and other prison officers also presented themselves at the execution site. In the execution holding cell next to the execution site, officers made Otowa take off her prison uniform and put on the Awase (kimono with lining) which she had worn when she was first arrested.

Officers took Otowa into the execution site with her wrists bound behind her back and her eyes covered with a sheet of Asakusagami (recycled Japanese paper). She was made to go up the ladder of gallows and stand on the platform. Soon an officer said all was ready. As soon as the trap door of the platform was released, Otowa, with the noose around her neck, fell with a thud from higher than 3 meters. Probably because she was heavy owing to her obesity, her neck was half severed, and blood spurted in all directions from her neck. Her death was confirmed after about five minutes. Officers unfastened the noose. According to a Supplementary Provision of Penal Code §6, since Otowa's elder brother wished to receive the body, officers gave it to him without burying it themselves.

Translator's note

In those days, the given name of common Japanese women was often stated with an 'O' added at the start of it, as in this article. The Tokyo Eiri Newspaper stated the name of Otowa Onozawa as 'Towa Onozawa,' and described 'Orika Fujisawa' as 'Rika Fujisawa.'

In this story, the height of the platform was reported as 'more than 3 meters. But Decree No.65 in 1873 prescribed that it should be 2.7 meters. The height in this story might be inaccurate.

Towa (Otowa) Onozawa's Story (2)

■Reference 2 in Rabl's opinion

The Tokyo Eiri Newspaper July 7, 1883

On December 16, 1882, Towa Onozawa (female, age 38), of 25 Komagome-Fujimae Machi, was sentenced to death by the court of first instance. She was convicted of strangling to death Rika Fujisawa, the mother of Rissin Fujisawa. Rissin was Towa's common-law husband and the chief priest of Enshoji Temple at Nakazato Mura. Towa was dissatisfied with the sentence, and appealed to the court of last resort, the former Supreme Court (Daishinin), but that court rejected her appeal.

At 8 : 30 yesterday morning, Towa was executed at Ichigaya Prison in accordance with that judgment. At the execution cite, prosecutor Tadazumi Nakagawa and secretary Shigetane Ichikawa attended, and other officers of the Prison also stood in line. As usual they positioned her on the scaffold. When the trap door was released and Towa dropped down, it looked like the noose cut deeply into her throat, probably because she was overweight. Blood also spurted from her nose, mouth and throat. She died instantaneously. She was a pitiful figure. After a while, officers took down the body, but the noose bit so firmly into Towa's throat that they could not unfasten it. Therefore, officers cut the noose with a knife and coffined the corpse immediately.

It is said that the corpse was given to Shinsuke Sekiya, Towa's elder brother, who wished to take it.

Translator's note

In those days, the given name of common Japanese women often had an 'O' added at the start of it. On the same day as this report, The Yomiuri Newspaper stated the name of Towa Onozawa as 'Otowa Onozawa,' and Rika Fujisawa was described as 'Orika Fujisawa.'

Decree No. 65 in 1883

■Reference 9 in Rabl's opinion

Japanese Decree

〇第六十五号（二月二十日）（布）　府県ヘ
Decree No.65 of February 20, 1873, to all Prefectures in Japan

絞罪器械別紙図式ノ通改正相成候間各地方ニ於テ右図式ニ従ヒ製造可致事

　The gallows are reformed as indicated in the drawings below. They shall be constructed in each prefecture according to these drawings.

絞架全図　実物　六十分ノ一
'Scaffold Drawing, Full View'（scale is 1 : 60）

　　本図死囚二人ヲ絞ス可キ装構ナリト雖モ其三人以上ノ処刑ニ用ルモ亦之ニ模倣シテ作リ渋墨ヲ以テ全ク塗ル可シ

　The Scaffold in this drawing is a structure for two condemned inmates to be executed by hanging simultaneously. In cases where more than two inmates are to be executed simultaneously, the scaffold shall be also constructed according to the structure outlined in this drawing. The entire scaffold shall be painted with Shibuzumi（traditional dark brown or black paint used for waterproofing in Japan）.

絞縄　　rope
踏板　　trap door
機車柄　　lever

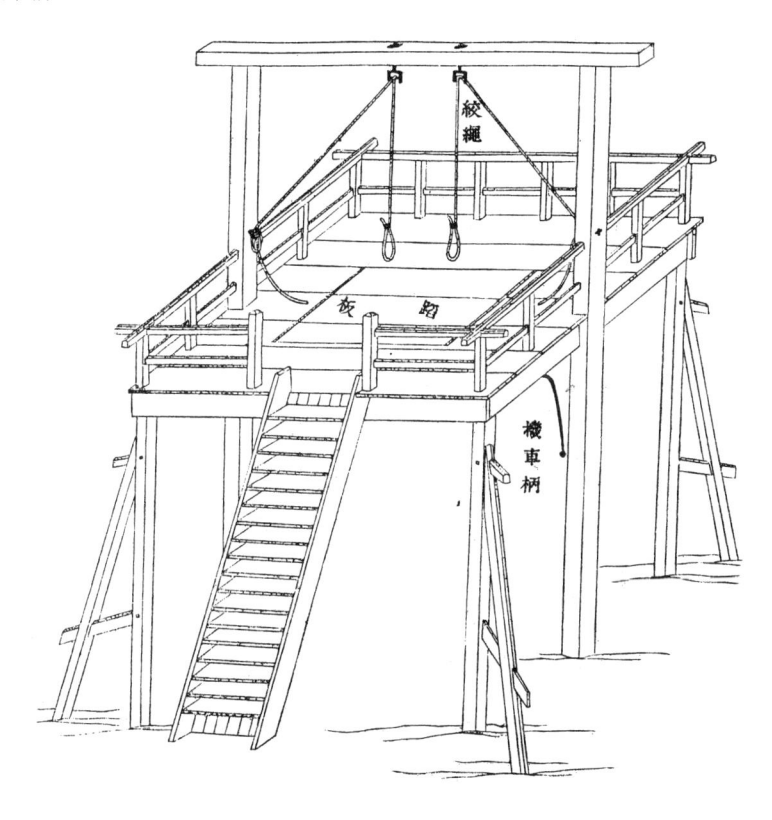

踏板裏面図　実物三十分ノ一

　凡絞刑ヲ行フニハ先ツ両手ヲ背ニ縛シ紙ニテ面ヲ掩ヒ引テ絞架ニ登セ踏板
上ニ立シメ次ニ両足ヲ縛シ次ニ絞縄ヲ首領ニ施シ其咽喉ニ当ラシメ縄ヲ穿
ツトコロノ鉄鐶ヲ頂後ニ及ホシ之ヲ緊縮ス次ニ機車ノ柄ヲ挽ケハ踏板忽チ
開落シテ囚身地ヲ離ル凡一尺空ニ懸ル凡二分時死相ヲ験シテ解下ス

　The Death penalty by hanging shall be carried out as follows. Bind the condemned inmate's wrists behind his or her back. Cover his or her eyes with a sheet of Japanese paper. Lead the inmate to the gallows. Make the inmate climb the steps to the platform of the scaffold and stand on the trap door. Apply leg restraints. Put the noose around the base of the inmate's neck and fit it snugly around his or her throat. The iron ring through which the rope runs shall be at the back of the neck and shall be slid to draw the noose firmly. Pull the lever attached to the gear and immediately the trap door will be sprung and the inmate will fall below the platform. The inmate shall be hanged in the air about 30cm above the ground. After about 2 minutes have elapsed, the death of the person will be confirmed. The corpse shall be taken down and the noose unfastened.

'Drawing of the Trap Door Viewed from below (from ground level)' (scale is 1 : 30)

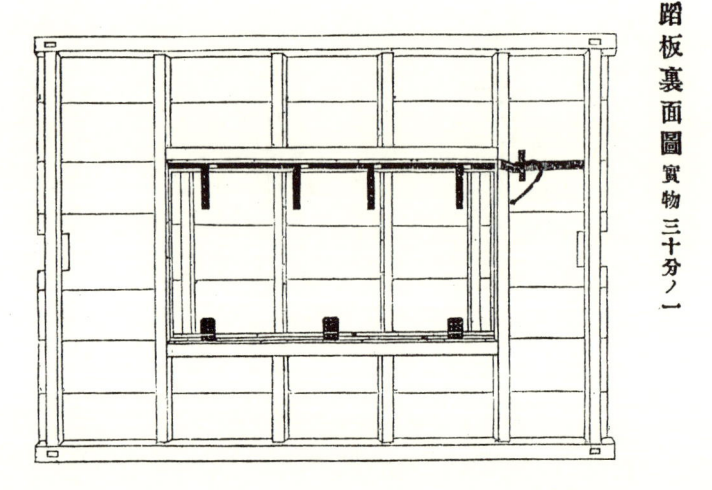

機車装置図　実物三十分ノ一

'Drawing of the Gear Mechanism'（scale is 1：30）

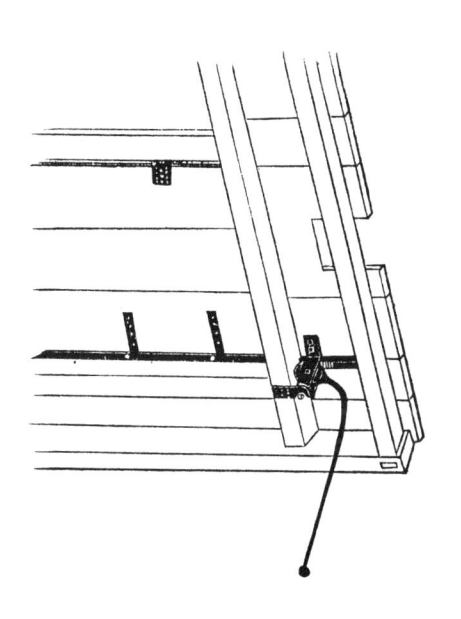

踏板表面図　実物三十分ノ一

'Drawing of the Trap Door Viewed from the Platform of the Scaffold'（scale is 1：30）

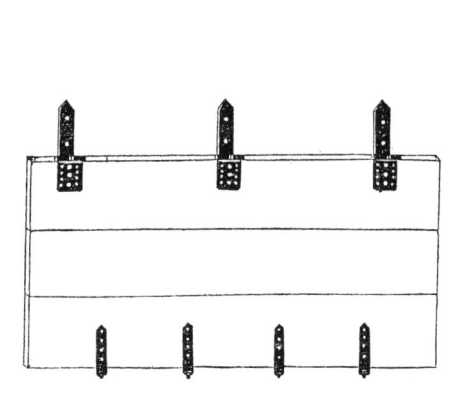

機車図　実物三十分ノ一

'Drawing of the Gear for the Rope' (scale is 1:30)

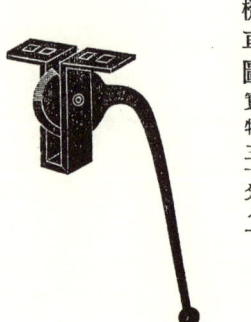

機車屬鐵板図　実物三十分ノ一

'Drawing of the Iron Plate attached to the Gear' (scale is 1:30)

鉄板架図　実物十分ノ一

'Drawing of the Hook for the Iron Plate'（scale is 1：10）

絞縄鐶図　実物十分ノ一

'Drawing of the Iron Ring for the Rope'（scale is 1：10）

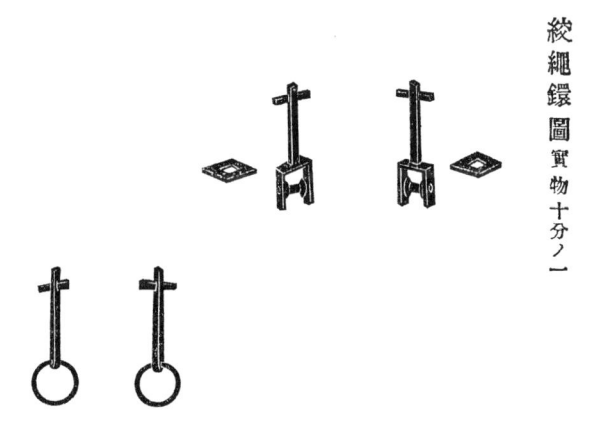

螺旋図　実物十分ノ一

'Drawing of the Screw'（scale is 1：10）

第4章　日本の刑場でも首の切断やゆっくりとした窒息死がおこる

絞縄略図　縄長二丈五尺

'Drawing of the Rope and Noose' 7m58cm in length

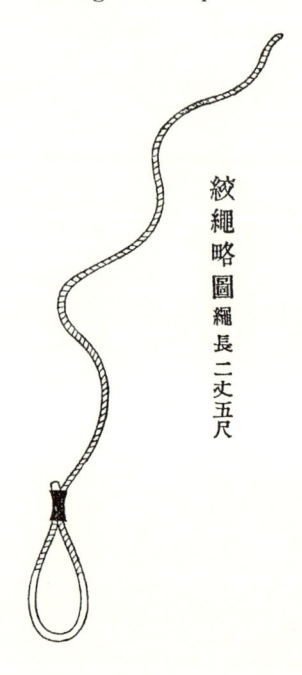

絞縄略圖　縄長二丈五尺

Translator's note

　The height of the scaffold was 2.7 meters.

(Yutaka Tezuka 'Meiji Shoki Keihoushi no Kenkyu'<in Japanese>, P.258, Keio-gigyukudaigaku Hougakukenkyukai, Tokyo, 1956)

第5章

法医学者の見解(2)
古畑博士の鑑定は誤りだった

　2011（平成23）年3月8日、弁護人は、ラブル博士に絞首刑についての2回目の質問をラブル博士に電子メールで送りました。それに対してラブル博士は回答書を電子メールで返送し、弁護人はその回答書を同月9日に受け取りました。ラブル博士による訂正ののち、弁護人はこの回答書をラブル博士回答書(2)として最高裁に提出しました。本書では、さらに書類との表記の統一などの修正を加えました。

　弁護人の質問に対して、ラブル博士が答えています。太い活字がラブル博士の回答です。

ラブル博士回答書(2)

弁護人の質問12〜17とラブル博士の回答

以下の追加質問Q12〜17に御回答下さい。

1955年に日本の最高裁判所は「絞首刑は残虐な刑罰ではない」と判決を下しました。この根拠は判決の中で示されていませんが、しかし、その科学的・法医学的根拠が、1952年の古畑種基医学博士（当時東京医科歯科大学法医学部教授・前東京大学法医学部教授）による鑑定書にある可能性が高いと考えられます。

古畑博士はその鑑定書の中で死刑の執行方法を5つ列挙しました。彼は銃殺（「弾丸の貫通によって生ずる顕著なる損傷がみられる」）、斬殺（「頭と胴体がはなればなれになることと、大出血をきたすことによって、凄惨なる状態を現出する」）、電気殺（「今日では余り理想的な方法であるとは考えられていない」）、ガス殺（「瞬間的に死亡するから、最も苦痛を感ぜずに絶命するので、一番人道的な死刑方法であるといわれている」）について短く言及した後に、縊死について述べました。

彼は、1952年当時にウィーン大学教授であったシュワルツアッヘル教授の論文（ドイツ法医学雑誌11巻145頁、1928年）に言及しました。古畑博士は、シュワルツアッヘル教授が同論文の中で「索条が左右相称に後上方に走っているときは、血管の内圧170ミリメートル水銀柱のときに、頚動脈を閉鎖するためには3.5キログラムの力を要し、両椎骨動脈を圧塞するためには16.6キログラムの力を要する」と言っていると述べました。そして、その後に古畑博士は「それ故、頚部に索条をかけて、体重をもって懸垂すると（縊死）、その体重が20キログラム以上あるときは左右の頚動脈と両椎骨動脈を完全に圧塞することができ体重が頚部に作用した瞬間に人事不省に陥り全く意識を失う。それ故定型的縊死は最も苦痛のない安楽な死に方であるということは、法医学上の常識に

なっているのである。但し頸部にかける索条が柔軟なる布片の類であるときと、麻縄やロープのような硬い性質のものである場合とでは、死亡するに至る状況に多少の差異を生ずる。柔軟な布片を用いることは、ロープや麻縄を用いる場合に比して、遙かに安楽に死に致らしめることができるのである。法医学上からみると、以上述べた5種の死刑執行方法の内、死刑囚をして苦痛を感ぜしめることが少なく且つ瞬間的に死亡するものとして、青酸ガスによる方法と縊死による方法が一番よいものであると考えられる。但し我国で死刑執行の方法として現在行われている方法が、この法医学上の原理を充分に理解して行っているものでないならば、その致死に理想的でないところがあるであろうと推察せられる。絞殺が最も理想的に行われるならば、屍体に損傷を生ぜしめず、且つ死刑囚に苦痛を与えることがなく（精神的苦痛は除く）且つ死後残虐観を残さない点に於て他の方法に優っているものと思う」と続けました。

そして彼は5つの方法それぞれで執行後から絶命に至るまでの時間について述べました。

古畑博士の意見の結論は以下の通りでした。「現在我国に行われている絞首刑は医学上の見地より、現在他国に行われている死刑執行方法と比較して残虐であるということはない。但しこの執行方法の細部に於ては、これを改善する余地はある。斬殺、瓦斯殺に就ては執行の直後に絶命するが絞殺の場合は、死刑執行の直後に意識を消失し、本人は何等苦痛を感じないが、心臓は尚微弱、不規則に10分乃至30分位は微かに搏動しておる。」（注：「粍」〔ミリメートル〕など難解な漢字の表記を改めた）

質問12 現在の法医科学の見地から考察して、1928年にシュワルツアッヘル博士が行った上記の実験について、訂正すべき点や追加すべき点はありますか。もしありましたら御説明ください。

シュワルツアッヘルが記述した力の値は正確です。

質問13 現在の法医科学の見地から考察して、1952年に古畑博士が書いた上記の意見書について訂正すべき点や追加すべき点はありますか。もしありまし

たら御説明ください。

　赤い文字にした原文中の文節（訳注：指摘の箇所は以下の引用中の下線部「それ故、頸部に索条をかけて、体重をもって懸垂すると（縊死）、その体重が二〇瓩以上あるときは左右の頸動脈と両椎骨動脈を完全に圧塞することができ体重が頸部に作用した瞬間に人事不省に陥り全く意識を失う。それ故定型的縊死は最も苦痛のない安楽な死に方であるということは、法医学上の常識になっているのである。」）は明確に間違っています。たとえ仮に脳内の血液循環が直ちに停止したとしても、脳内には多量の酸素が――少なくとも数秒間は意識を保つのに十分なだけ残っているので、絞首刑において意識の消失が「瞬間に」起こることはありません。ロッセンらの実験を参照してください（ロッセン・R、カバット・H、アンダーソン・JP (1943年)「ヒトにおける急性脳循環停止」〈神経学精神医学紀要〉50巻510～528頁）。著者は首の組織を圧迫するために、若い男性（111人）の首の周囲に血圧カフを使用しました。600ミリメートル水銀柱の圧力で、被験者は5秒から10秒で意識を失いました。その直後に様々な発作が起こりました。多くの者が性質と強度が異なる疼痛を訴えました。古畑博士は意識が保たれて苦痛のある時間を考慮しませんでした。ロッセンらの論文中で、ある程度の被験者は激痛を口にしました。

　法務省は東京拘置所の刑場の写真を昨年（訳注：2010年）の夏に公開しました。その写真を添付しております（参考資料13）。どうぞ御精査ください。この公開で、参考資料10が報告したとおり、踏み板の高さは約4メートルと判明しました。

　質問14　私共は、貴殿の論文から、仮に、絞首刑において、踏み板の高さが低く、細くて硬い針金のような索状物を使用しないとすると、頭部に負荷される落下エネルギーの不足のために頭部離断は発生し難いと理解しています。これは正しいでしょうか。
　はい。

質問15 東京拘置所の踏板の高さ4メートルは頭部離断を起こし得る限界の力12000ニュートンを発生させるのに十分な高さでしょうか。仮に必要があれば、ロープはそれほど弾力性がなく、受刑者の体重が65.8キログラム（2007年の日本人成人の平均体重）および100キログラム（私共の依頼人の体重）であるとの条件で御説明ください。

はい。我々の論文の図5から御理解いただけると思いますが、頭部離断はたとえ4メートルより低い高さからの落下であっても起こり得ます。決定的な要因は減速距離（係数s）です。

質問16 写真を精査して頂いた後で、日本の絞首刑に頭部離断や意識を保ったままのゆっくりとした窒息死の危険性の高い危険性が存在するという貴殿の御意見（質問7に対する回答）を変更されますか。

いいえ。お分かりの通り、日本における刑場の状況からすると、落下の高さは最低でも4メートルはあります。

質問17 これは質問7に対する貴殿の回答の確認です。貴殿は「『正確な』落下表なるものがあるとすれば、それは一方で頭部離断の危険性を減らすかも知れませんが、他方でより低い落下の高さ（ロープの長さ）は意識を保ったままのゆっくりとした窒息死の危険性を増やします」と述べられました。貴殿の言わんとするところは、正確な落下表なるものがあるとすれば、それは一方でより低い落下距離を導き出す可能性があるので頭部離断の危険性を減らすかも知れないが、他方で意識を保ったままのゆっくりとした窒息死の発生は落下の高さとは無関係であるので、より低い落下の高さ（ロープの長さ）は意識を保ったままのゆっくりとした窒息死の危険性を増やすという事でしょうか。

はい。

《英文》

Dr. Rabl's opinion (2)

Questions 12-17 by defense counselors and answers by Dr. Rabl

Please answer the following additional questions Q12 – 17.

In 1955, the Supreme Court in Japan adjudged that judicial hanging was not cruel punishment. Though the decision never showed the reason for its conclusion, it seems to be very probable that its scientific and forensic medical grounds were on the written opinion by Tanemoto FURUHATA , MD, in 1952, who was professor of forensic medicine at Tokyo Medical and Dental University and ex-professor at Tokyo University at that time.

Dr. Furuhata enumerated 5 execution methods in his opinion. After mentioning shooting ("with remarkable damage to a body by penetration of bullets"), beheading ("resulting in a ghastly scene with a head-trunk separation and massive bleeding"), electrocution ("not being regarded as an ideal method today") and lethal gas ("being said to be most humane because of an instantaneous and least painful death") briefly, he went into hanging.

He made reference to the article (Deutsche Zeit. Ges. Gericht. Med. vol.11 p.145 1928) by Dr. Schwarzachel who was professor of forensic medicine at Wien University as of the year 1952. Dr. Furuhata said, "Dr. Schwarzachel states in his article that when the ligature runs symmetrically toward the posterosuperior region and when intravascular pressure is 170mmHg, 3.5kgw force is needed for occluding the carotid arteries and 16.6kgw force is needed for obstructing the both vertebral arteries by compression." And Dr. Furuhata continued, "Therefore, being suspended by a ligature around the neck with constricting force of the body weight (hanging), the body weight over 20kg will make it possible to obstruct the bilateral carotid and the both vertebral arteries completely by compression. He shall faint away and <u>lose consciousness at the very moment</u> when the body weight is put on the neck. Thus it is commonsense in the field of forensic medicine that typical hanging is <u>comfortable way of death with the least pain and suffering</u>. There, however, shall be some differences in the dying situation, between when the ligature around the neck is a kind of flexible fabric and when the ligature is of hard material such as a hemp rope or an ordinary rope. Using a soft fabric as the ligature shall be able to give a far easier death, comparing using a hemp rope or ordinary rope. From the forensic medical point of view, among above-mentioned 5 execution methods, using hydrocyanic acid gas or hanging is considered to be the best as the method giving a condemned inmate little pain and instantaneous death. If, however, the actual execution method in Japan is carried out without full understanding of this forensic medical principle, I guess there will be a non-ideal part in the dying situation. If the hanging is executed ideally, I believe that it is superior to the other execution methods in regard to not making damage to the corpse, not giving pain (except for mental one) to the inmate, and not leaving the sense of cruelty after death."

And he mentioned the time it takes from the start of the execution to the death of the inmate for each of the 5 execution methods.

Dr. Furuhata's conclusion of his opinion was as follows: "From the medical point of view, hanging which is actually carried out in Japan is not cruel, compared to the execution methods which are actually carried out in other countries. However, there is room for improvement in the details of this execution method. Though beheading and lethal gas shall result in death immediately after the start of execution and in hanging the inmate shall lose his consciousness just after the drop and shall not feel any pain at all, the heart shall still keep beating slightly and irregularly for about 10-30 minutes."

Q12. Considering from the viewpoint of current forensic science, are there any respect to be corrected or to be added in the above-mentioned experiment performed by Dr. Schwarzachel in 1928? If any, please explain them.

The forces mentioned by Schwarzachel are correct.

Q13. Considering from the viewpoint of current forensic science, are there any respects to be corrected or to be added in the above-mentioned opinion written by Dr. Furuhata in 1952? If any, please explain them.

The text passages marked in red (Translator's note : the passage are marked with underline in this text) are definitely wrong. In hanging unconsciousness occurs not "at the very moment", because even if the blood circulation in the brain stops immediately there is a lot of oxygen left in the brain – enough for at least few seconds of consciousness. See the experiments of Rossen et al. (Rossen R, Kabat H, Anderson JP (1943) Acute Arrest of Cerebral Circulation in Man. Arch Neurol Psychiat 50:510-528). The authors used a blood pressure cuff around the neck of young men (n=111) to compress the neck structures. Using a pressure of 600 mmHg the test subjects lost consciousness in 5 to 10 seconds. Immediately afterwards general seizures occurred. Most of the people reported pain of different characteristics and intensity. Dr. Furuhata did not take into account the painful period of consciousness. In the article of Rossen et al. the test persons to some extent described serious pain.

Ministry of Justice had disclosed the several photographs of the execution chamber at Tokyo Detention Center last summer. We have attached them (ref.13). Please examine them. Through the disclosure, the height of the trap door was proved to be about 4 meters as ref.10 had reported.

Q14. From your article, we have understood that if the drop is short and a thin and hard ligature like steal wire is not used in JH, decapitation will hardly occur owing to the shortage of falling energy put on the neck. Is this correct?

Yes.

Q15. Is the 4 meters height of the trap door at the Tokyo Detention Center high enough to generate the marginal force of 12000 Newton which can cause decapitation? If necessary, please explain on condition that the rope is not so elastic and the body weights (BWs) of the inmates are 65.8 kilograms (the average body weight of Japanese male older than 19 years old in 2007) and 100 kilograms (our client's BW).

> **Yes**. As you can see in fig. 5 of our article, decapitation can occur even if the falling height is lower than 4 meters. The critical factor is the distance of deceleration (factor s).

Q16. After examining the photographs, do you change your opinion that there will remain high risks of decapitation or slow strangulation with consciousness in Japanese JH (answer to Q7)?

> **No**. As one can see, in the situation of the Japanese execution chamber the falling height would be at least 4 meters.

Q17. This is the confirmation of the meaning of your answer to Q7. You stated that an "accurate" drop table may reduce the risk of DC, on the one hand, but on the other hand, lower falling heights (rope lengths) increase the risk of slow strangulation with consciousness (SSC). Do you mean that because an "accurate" drop table may give lower falling heights, it may reduce the risk of decapitation, but at the same time a lower falling height (rope length) increases the risk of SSC since SSC may occur independently of the falling height?

> **Yes**.

第6章

最高裁判所への意見(3)

ラブル博士の見解を
ふまえた判断を

　上告趣意書、同補充書(1)に続いて弁護人は2011（平成23）年6月16日に上告趣意書補充書(2)を提出しました。本書ではさらに他の書類との表記の統一などの修正を加えました。

　この補充書(2)を作成するにあたって、オーストリアのインスブルック医科大学法医学研究所副所長のヴァルテル・ラブル博士から、絞首刑の残虐性等について2回にわたって意見を得ることができました。

　また、絞首刑は残虐な刑罰ではないとした昭和30年4月6日大法廷判決の背景事情について、向江璋悦弁護士の著書『死刑廃止論の研究』（法学書院、1960年）を入手して参考にすることができました。

　補充書(2)のポイントは2つです。1つは、上記の絞首刑合憲判決の前に出されていた、死刑囚が絞首刑ですぐに意識を失うから苦痛を感じない、という古畑種基博士の鑑定についてです。これは完全に間違いであるとラブル博士は述べています。ラブル博士によれば、死刑囚は最低でも5から8秒程度、長ければ2から3分間程度意識があり、その間に激しい痛みや苦痛を感じるとのことです。

　もう1つは、上記の絞首刑合憲判決は、首の切断やゆっくりとした窒息死などを考慮に入れていないことについてです。ラブル博士は東京拘置所の刑場において、それらが起こり得ると断言しました。ラブル博士の意見は2010年8月に公開された東京拘置所の刑場の写真を見ても変わりませんでした。

> 上告趣意書補充書(2)

上告趣意書補充書(2)

2011年6月16日

最高裁判所第二小法廷　御中

1　はじめに──昭和30年4月6日大法廷判決は見直されるべきである

「上告趣意書　第1点　第1　憲法36条違反」〔本書第2章〕において、昭和30年4月6日大法廷判決は見直されるべきであると論じた。本補充書において、絞首刑に関する当時の法医学的見解に誤りがあったこと、及び当時論じられなかった絞首刑の問題点が存在することから、昭和30年4月6日大法廷判決は見直されるべきであることを論ずる。

2　昭和30年4月6日大法廷判決とその背景

（1）昭和30年4月6日大法廷判決

すでに上告趣意書で引用したが、昭和30年4月6日大法廷判決を再度引用する。

「現在各国において採用している死刑執行方法は、絞殺、斬殺、銃殺、電気殺、瓦斯殺等であるが、これらの比較考量において一長一短の批判があるけれども、現在わが国の採用している絞首方法が他の方法に比して特に人道上残虐であるとする理由は認められない。従って絞首刑は憲法三六条に違反するとの論旨は理由がない」。

この判決はいわゆる帝銀事件の大法廷判決で出されたものである。ところが、同法廷に提出された上告趣意書を判例集で確認しても、「絞首刑は憲法第三六条違反である」（刑集9巻4号681頁）とただこれだけの主張が記載されている

にすぎない。いかなる経緯で上記の判断がなされたのか判然としない。

（2）昭和30年4月6日大法廷判決当時の絞首刑に関する法医学的見解

上記の疑問について、半世紀以上前の向江璋悦弁護士（1910-1980）の著書『死刑廃止論の研究』（法学書院、1960年）に示唆に富んだ記述がある。なお、同弁護士は、1937年から1946年まで検察官に任官した経歴を有する。以下、同書籍の内容を参考にしつつ論述する。

1950年、同弁護士は松下今朝敏他2名に対する強盗殺人事件（以下「松下事件」と記す）の控訴審弁護人となり、絞首刑は憲法36条にいう残虐な刑罰であると主張した。これに関連して、東京高裁は3名の鑑定人を採用した。刑法学者の滝川幸辰博士、同じく刑法学者の正木亮博士、および法医学者の古畑種基博士である（1951年8月2日、滝川・正木両博士は東京高裁による大阪拘置所刑場の検証に立ち会った）。

滝川博士は「わが国の絞首の執行方法は、私の見た執行場から推測すると、特に残虐な刑罰ということはできない。即ち憲法第三六条の違反ではなかろう」とした（1951年9月30日付鑑定書）。

正木博士は、大阪拘置所の検証の他、検察官としてわが国の絞首刑に立ち会った経験、死刑執行方法の歴史的変遷、各国の先例・現状などから、「日本刑法第十一条所定の死刑は残虐なる刑罰であ」り、「日本刑法第十一条所定の絞首刑は刑事学上現存する諸国の死刑執行方法に比し最も残虐なる刑罰である」との結論を出した（1952年1月4日付鑑定書）。

古畑博士は法医学者としての立場から1928年に執筆されたシュワルツアッヘル博士（1952年当時ウィーン大学の法医学教授）の論文を引用して「頸部に索条をかけて、体重をもって懸垂すると、（中略）左右頸動脈と両椎骨動脈を完全に圧塞することができる」とし、縊死を試みた者や絞首された者は「体重が頸部に作用した瞬間に人事不省に陥り全く意識を失う。それ故に定型的縊死は最も苦痛のない安楽な死に方であるということは、法医学上の常識となっているのである」と述べた。つまり絞首された者は即座に意識を失って苦痛を感じないとした。その上で、「法医学上から見ると、以上述べた五種の死刑執行方

法（弁護人注：銃殺、斬殺、電気殺、ガス殺、および絞殺）の内、死刑囚をして苦痛を感じせしめることが少なく且つ瞬間的に死亡するものとして、青酸ガスによる方法と縊死による方法が一番よいものであると考えられる」「現在我国に行われている絞首刑は医学上の見地より、現在他国に行われている死刑執行方法と比較して残虐であるということはない」とした（1952年10月27日）。

　向江弁護士の主張やこれらの鑑定内容は、当時新聞に報道され、一定の関心を集めたようである（例えば、朝日新聞1950年6月23日、1952年1月16日、同2月2日、および1953年1月19日）。

　一方で、1951年9月29日に帝銀事件の控訴審判決が出た。帝銀事件の上告審弁護人は、向江弁護士の主張を参考にして、「絞首刑は憲法第三六条違反である」と文字通りこれだけを上告趣意書で主張した。向江弁護士によると、帝銀事件弁護人は「私のこの主張を形式的に捉えた」としている。松下事件の審理で3名の鑑定人の証人尋問が終了したが、同裁判は裁判長の交代があって、審理が延びた。1955年4月6日、絞首刑違憲について不十分な主張・立証しかされないままに帝銀事件の大法廷判決が先に出された。次いで同年12月19日、東京高裁は、松下事件の控訴審判決で、この大法廷判決に言及して、絞首刑違憲論を退けたのである。

　ところで、上記に述べた経緯や内容からして、古畑博士の鑑定が帝銀事件の大法廷絞首刑合憲判決に与えた影響は大きかったと考えられる。

　科学技術振興機構が提供するデータベースJMEDPlusは、1981年以降、主に日本国内で発表された医学やその関連分野の文献情報のほとんどを収録している。2011年1月5日時点でその登録総数は5,680,899件であった。しかし、絞首刑に関する論文を検索したところ、絞首刑そのものを対象とした研究論文は皆無であった。それ以前の医学論文を1945年まで渉猟しても、絞首刑を対象とした論文をほとんど発見することが出来なかった。わずかに古畑博士が、前述の鑑定とほぼ同内容を〈法律のひろば〉（6巻6号、1953年）及び〈科学朝日〉（1955年6月号）に執筆し、1959年に同趣旨の鑑定を行なったのを発見したのみであった。つまり、わが国において絞首刑に関する法医学的研究ないし論考は同博士以降ほぼ存在していないと考えられる。しかも唯一存在する同博士の鑑定

が半世紀以上前で、同博士が引用している文献は80年以上前の文献である。現在の水準から見て同博士の意見がどの程度妥当なものかはこれらの事実だけからしても疑わしい。

　また、古畑博士の意見の影響か否かは判然としないが、その述べた内容と同趣旨の内容がしばしば語られている。死刑囚は、絞首刑で即座に意識を失うから、苦痛を感じないという説である。これは真実なのであろうか。

3　昭和30年4月6日大法廷判決当時の法医学的見解に対する批判

（1）ラブル博士への質問

　弁護人は、絞首刑の残虐性について、ヴァルテル・ラブル博士に質問を行なった。弁護人が同博士を知ったのは、上告趣意書中で引用した同博士の論文によってであった。同博士は現在インスブルック医科大学法医学研究所副所長でオーストリア法医学会会長でもある。弁護人は現在まで2回同博士に質問書を送付し、それに対して同博士はその都度回答書を返信した。弁護人と同博士の問答を順不同で補足を交えつつ以下に紹介する。右寄せの部分がその問答で、同博士の回答は太字になっている。なお、質問・回答とも原文は英語である。

（2）絞首刑の死因は単一でない

　まず、そもそも絞首刑の死因はひとつだけなのかについての質問である。

　　質問4　貴殿は「絞首刑による死因の多様性」（〈放射線学〉196巻3号615頁）に言及されました。絞首刑においてあり得る死因を全て列挙して下さい。
　　　- 頸部の動静脈の圧迫によって起こる窒息
　　　- 咽頭の閉塞によって起こるゆっくりとした窒息（非対称的な絞扼の場合、1～2分間意識がある可能性がある）
　　　- 頭部離断
　　　- 延髄の圧迫を伴う椎骨骨折（まれ）
　　　- 迷走神経損傷によって起こる急性心停止

絞首刑による死因は単一ではないということである。絞首刑に関してこの程

度の共通認識さえ得られているか否か疑わしい。

(3) 絞首刑で即死するとは限らない

リック・ジェームズら「絞首刑の刑死者における頸部骨折の頻度」(〈国際法科学〉54巻81～91頁、1992年) によると、英国において、公開で絞首刑が行われていた間は瞬間的な死という主張はなかったが、1868年に公開処刑が廃止され、20世紀になると、政府の指示により「何事もなく死刑は執行され、ほぼ即死であった」との短い声明だけが出されるようになったとされる。

絞首刑で死刑を執行された者は「即死」するのだろうか。

質問5　絞首刑による死は「ほぼ瞬間的」としばしば言われます。それは真実でしょうか。回答の理由もお示し下さい。

絞首刑によって起こる死が「ほぼ瞬間的」であるのはごくわずかな例外——延髄が深刻な損傷を受けた時だけです。頸部の動脈（頸動脈および椎骨動脈）の完全閉塞の場合、意識失消までに5～8秒かかります。直後に心停止をきたすような迷走神経への強い刺激があった場合（まれ）には、意識がある時間は約10～12秒続きます。もし全ての頸部の動脈が圧迫されなければ（これはロープの非対称的な位置のために絞首刑において典型的です!!）、意識のある時間は2～3分に及んで続くかも知れません。

ラブル博士によると、絞首刑において即死はまれであり、意識が5～8秒、長ければ窒息しながら2～3分間意識が保たれる。

(4) 苦痛はある

絞首された者の苦痛についてもラブル博士は述べている。以下に示す古畑博士の鑑定の概要を英訳してラブル博士に示した。

　　古畑博士はその鑑定書の中で死刑の執行方法を5つ列挙しました。彼は銃殺（「弾丸の貫通によって生ずる顕著なる損傷がみられる」）、斬殺（「頭と胴体がはなればなれになることと、大出血をきたすことによって、凄惨なる状態を現出する」）、電気殺（「今日では余り理想的な方法であるとは

考えられていない」)、ガス殺(「瞬間的に死亡するから、最も苦痛を感ぜずに絶命するので、一番人道的な死刑方法であるといわれている」)について短く言及した後に、縊死について述べました。

　彼は、1952年当時にウィーン大学教授であったシュワルツアッヘル教授の論文(〈ドイツ法医学雑誌〉11巻145頁、1928年)に言及しました。古畑博士は、シュワルツアッヘル教授が同論文の中で「索条が左右相称に後上方に走っているときは、血管の内圧170ミリメートル水銀柱のときに、頚動脈を閉鎖するためには3.5キログラムの力を要し、両椎骨動脈を圧塞するためには16.6キログラムの力を要する」と言っていると述べました。そして、その後に古畑博士は「それ故、頭部に索条をかけて、体重をもって懸垂すると(縊死)、その体重が20キログラム以上あるときは左右の頚動脈と両椎骨動脈を完全に圧塞することができ体重が頚部に作用した瞬間に人事不省に陥り全く意識を失う。それ故定型的縊死は最も苦痛のない安楽な死に方であるということは、法医学上の常識になっているのである。但し頸部にかける索条が柔軟なる布片の類であるときと、麻縄やロープのような硬い性質のものである場合とでは、死亡するに至る状況に多少の差異を生ずる。柔軟な布片を用いることは、ロープや麻縄を用いる場合に比して、遙かに安楽に死に致らしめることができるのである。法医学上からみると、以上述べた5種の死刑執行方法の内、死刑囚をして苦痛を感ぜしめることが少なく且つ瞬間的に死亡するものとして、青酸ガスによる方法と縊死による方法が一番よいものであると考えられる。但し我国で死刑執行の方法として現在行われている方法が、この法医学上の原理を充分に理解して行っているものでないならば、その致死に理想的でないところがあるであろうと推察せられる。絞殺が最も理想的に行われるならば、屍体に損傷を生ぜしめず、且つ死刑囚に苦痛を与えることがなく(精神的苦痛は除く)且つ死後残虐観を残さない点に於て他の方法に優っているものと思う」と続けました。

　そして彼は5つの方法それぞれで執行後から絶命に至るまでの時間について述べました。

古畑博士の意見の結論は以下の通りでした。「現在我国に行われている絞首刑は医学上の見地より、現在他国に行われている死刑執行方法と比較して残虐であるということはない。但しこの執行方法の細部に於ては、これを改善する余地はある。斬殺、瓦斯殺に就ては執行の直後に絶命するが絞殺の場合は、死刑執行の直後に意識を消失し、本人は何等苦痛を感じないが、心臓は尚微弱、不規則に10分乃至30分位は微かに搏動しておる。」
（注：「粍」〔ミリメートル〕など難解な漢字の表記を改めた）
　古畑博士の鑑定書が述べている要点は、シュワルツアッヘル博士の論文等によると絞首刑では首の動脈が即座に閉塞するので、「体重が頸部に作用した瞬間に人事不省に陥り全く意識を失う」縊死は「苦痛のない安楽な死に方である」という点にある。
　質問12　現在の法医科学の見地から考察して、1928年にシュワルツアッヘル博士が行った上記の実験について、訂正すべき点や追加すべき点はありますか。もしありましたら御説明ください。
　　シュワルツアッヘルが記述した力の値は正確です。
　質問13　現在の法医科学の見地から考察して、1952年に古畑博士が書いた上記の意見書について訂正すべき点や追加すべき点はありますか。もしありましたら御説明ください。
　　赤い文字にした原文中の文節（訳注：指摘の箇所は以下の引用中の下線部「それ故、頸部に索条をかけて、体重をもって懸垂すると（縊死）、その体重が二〇キログラム以上あるときは左右の頚動脈と両椎骨動脈を完全に圧塞することができ体重が頸部に作用した瞬間に人事不省に陥り全く意識を失う。それ故定型的縊死は最も苦痛のない安楽な死に方であるということは、法医学上の常識になっているのである。」）は明確に間違っています。たとえ仮に脳内の血液循環が直ちに停止したとしても、脳内には多量の酸素が——少なくとも数秒間は意識を保つのに十分なだけ残っているので、絞首刑において意識の消失が「瞬間に」起こることはありません。ロッセンらの実験を参照してください（ロッセン・R、カバット・H、アンダーソン・JP「ヒトにおける急

性脳循環停止」〈神経学と精神医学紀要〉50巻510〜528頁，1943年)。著者は首の組織を圧迫するために、若い男性（111人）の首の周囲に血圧カフを使用しました。600ミリメートル水銀柱の圧力で、被験者は5秒から10秒で意識を失いました。その直後に様々な発作が起こりました。多くの者が性質と強度が異なる疼痛を訴えました。古畑博士は意識が保たれて苦痛のある時間を考慮しませんでした。ロッセンらの論文中で、ある程度の被験者は激痛を口にしました。

　ここでラブル博士が述べているロッセンらによる実験は、111人の被験者に対して、首の回りに血圧測定用に使用されるカフ（空気で膨らむ帯状の布）を巻きつけて行われた。特殊な装置を使用してカフの膨らみを調整することで、首の動脈の血流を瞬時に止めることが可能になった。この実験によって、首の血流が止まった被験者の意識はすぐには消失せず、5〜10秒保たれることが証明された。また、身体をどこも傷付けていないのに被験者の一部は激しい痛みを訴えた。

　古畑博士は、首の動脈の閉塞が必ず起こり、それにより絞首された者の意識は即座に失われるとしている。だが、そもそも同博士が根拠としているシュワルツアッヘル博士の実験は死体を用いたものである。意識の有無を判断できるはずもない。

　一方、ラブル博士は、古畑博士の鑑定について事実上2つの誤りを指摘している。第1に、前掲の質問4と5で、絞首刑では首へのロープの掛け方が非対称であるために、首の動脈が完全に閉塞するとは限らないこと、及びその際には1〜3分程度意識が持続する可能性があることを述べている。ラブル博士は、この点に関して、ノークスら「絞首刑の生体力学　事例報告」（〈法医科学〉39巻15号61〜64頁）を引用している。同論文は、英国の公式の報告書中に、絞首刑で「意識が1分から2分続いた後の死」が報告されていると記載している。第2に質問12と13で、ラブル博士は、生きた人間を対象にしたロッセンらによる実験をもとに、動脈の閉塞が完全であっても5〜8秒は意識があり、その間に痛みを感じ得るとも述べているのである。ラブル博士の述べる内容が古畑博士の述べる内容よりも妥当であることは明らかである。

4　昭和30年4月6日大法廷判決で検討されていない事項

（1）絞首刑の失敗

ところで、絞首刑には他の問題もある。例えば、首が完全に切断される頭部離断の問題や意識を保ったままのゆっくりとした窒息死など、「失敗」の問題である。これらの問題について、わが国で明確に系統立てて述べた文献は皆無である。弁護人らがコンピュータ、インターネット及び図書館機能の充実等を背景にして初めて調査・指摘し得たものである。上告趣意書ですでに指摘したように、訴訟記録中にこれらの指摘が全くなされていないことも合わせて考慮すると、これらの「失敗」について昭和30年4月6日大法廷判決が考慮しているとは考え難い。

ラブル博士に絞首刑で起こり得る「失敗」について質問した。

（2）頭部離断・ゆっくりとした窒息死

質問2　絞首刑において絞首された者の頭部離断（完全な離断および不完全な離断を含む）は起こり得るのでしょうか。仮にそうであれば、どのような条件の下で起こり得るのでしょうか。貴殿は頭部離断を伴う縊死に関してどんな調査・研究をなされましたか。その方法と結果を御説明下さい（ファイル番号1〜7を添付しております〔注：日、豪、米、加、イラクおよび英国の絞首刑で首が切断された例を示す資料〕）。

起こり得ます。頭部離断の危険性はいくつかの要因に依存しています。ロープの長さ、ロープの柔軟性、絞首された者の体重、ロープの太さ、結び目の位置等……

首つり自殺による完全な頭部離断の1事例に基づいて、我々は完全な頭部離断に必要とされる力に関する生体力学的実験および計算を行いました。頸部の皮膚（150ニュートン毎センチメートル）、摘出したままの頸椎（1000ニュートン）および頸部の筋肉（例えば胸鎖乳突筋で――80ニュートン）の引っ張り強さを加算して、我々は頭部離断の限界値が約12000ニュートンであると理解しました。次に我々は体

重およびロープの長さに依存する等力曲線を算出しました。ロープの弾性および輪縄が締まることによって生ずるロープの長さの延長は係数s（減速距離）として表現されました。論文は1995年に刊行されました（ラブルら「頭部離断を伴った縊死　事例報告　生体力学」〈犯罪学雑誌〉195巻31〜37頁）。

上告趣意書補充書(1)で触れた小野澤おとわの頭部離断に関する読売新聞（1883年7月7日付）および〈東京絵入新聞〉（同日付）記事を示して質問した。

質問6　1883年7月6日の絞首刑執行中に不完全な頭部離断事故が発生したと報じた２つの新聞記事（参考資料１および２〔注：絞首刑で小野澤おとわの首が切断されたと報じる新聞記事〕）を添付しております。この事故の原因を推定して頂けますか。

新聞記事は絞首刑執行中の不完全な頭部離断の１事例を記述しています。この事故は長過ぎるロープ（落下の高さ）と死刑囚の高体重の組み合わせで起こったと最も考えられます。弾力性がないロープが固く結ばれていれば、それは促進要因となった可能性があります。

1935年、九州帝国大学医学部法医学教室助手であった石橋無事医師は、「死刑屍の法医学的観察（上）」「同（下）」と題する２編の論文を、〈犯罪学雑誌〉９巻４〜５号に発表した。同論文によると、同教室は20数体の死刑屍を集めて解剖した。各死体はいずれも長崎監獄で絞首刑を執行された後、鉄路運搬されたものである。1926年に火災のため、同教室は標本及び記録の大半を焼失した。その後、石橋医師は記録が保存された11例、記録は失われたけれども保存標本で頸部の変化を窺い得るもの３例を集め、主として法医学的所見を報告した。

14例のうち頸部の所見が利用可能であったのは10例であった。石橋医師はその所見を以下のように記す（旧字体を新字体に改めるなどした）。

死刑屍の頸部臓器は一般縊死の場合と異り、広汎なる範囲に亙りて断裂せられ、甲状軟骨体及び其の上角並に舌骨大骨の骨折、筋肉の離断及び出血、頸動脈内膜の裂傷若くは断裂、頸部脊椎の骨折等を認めた。之等の諸変化は絞頸と同時に重き身体が急激に落下した為め、頸部に作用した力が、普

通の縊死に比して甚だしく強烈であった為に起ったものと推測せられる。
全14例のうち、第7例と第9例の頸部所見を以下に引用する。

第7例
　　頸部臓器を連結の儘、一斉に剔出して検するに、頸部臓器は皮下に於て全く破壊せられ、胸骨舌骨筋、甲状舌骨筋、中舌骨甲状靱帯は全部上下に離断せられ、喉頭も亦会厭の下部に於て上下に分たれて左右径6.0センチメートル、上下径2.5センチメートルを算する空洞を作る。甲状軟骨の上端は露出し、甲状軟骨上角及び舌骨大角は共に基部より骨折潰滅し、周囲の組織間出血があり、この高さに於て左右の頸動脈内膜に数個の長さ0.2センチメートル及至0.5センチメートルを算する横走せる裂傷があり、咽後結締織間には鳩卵大の組織間出血を認むる。

第9例
　　頸部臓器、舌は蒼白で歯痕があり、頸部臓器は甲状軟骨の上部で皮下組織を残して殆んど全く破断せられ、胸骨舌骨筋、肩胛舌骨筋、甲状舌骨筋、中舌骨甲状靱帯等は離断せられ、甲状軟骨は上切痕から下方に向って破砕し、左右径6.0センチメートル、上下径2.5センチメートル、前後径4.0センチメートルの空洞を形成する。左右の胸鎖乳様筋の上部に約扁桃大の筋肉間出血があり、咽後結締織間に約手拳大の組織間凝血を認むる。

これらの解剖所見は頭部離断に近い状態が発生していることを示している。
この他、意識を保ったままのゆっくりとした窒息死についてもラブル博士に問い合わせた。

質問3　英国の「死刑に関する英国審議会（1949〜1953）」は「受刑者は過度に短い落下距離を落とされゆっくりと窒息して死亡する可能性があった」（参考資料7）と報告しました。絞首刑において絞首された者が意識を保ったままでゆっくりと窒息死することは起こり得るのでしょうか。

　　起こり得ます。

(3) 現在の東京拘置所での頭部離断・ゆっくりとした窒息死

以上は絞首刑一般や過去のわが国の例であるが、現在のわが国、特に比較的情報があり、被告人が収容されている東京拘置所の刑場で、このような事故が起こる恐れがないのかについて、質問をした。なお、質問中の「落下表」とは、上告趣意書で述べた、絞首刑を執行するにあたって、受刑者の体重に応じて同人を落下させる距離を決定し、ロープの長さを調整するための表である。

質問7　仮に法律（参考資料8〔注：刑法11条1項および刑事収容法179条〕）および布告（参考資料9）に基づいて、約4メートルの踏み板の高さがある現在の日本の刑場で絞首刑が執行されるとして、頭部離断やゆっくりとした窒息死の可能性がありますか。日本の絞首刑における頭部離断や意識を保ったままのゆっくりとした窒息死の危険性は落下表を使用している国と同じでしょうか。回答の理由を御説明下さい。

　　もちろん日本のこの前提下では、頭部離断もしくは意識を保ったままのゆっくりとした窒息死の高い危険性が存在するでしょう。「正確な」落下表なるものがあるとすれば、それは一方で頭部離断の危険性を減らすかも知れませんが、他方でより低い落下の高さ（ロープの長さ）は意識を保ったままのゆっくりとした窒息死の危険性を増します。落下の高さと体重以外にも、絞首刑による損傷のパターンに影響するいくつかの重要な要因があります。例えば、ロープの力学的な特性、解剖学的差異、結び目の種類……　落下の長さが、予想通りの、もしくは一定の結果をもたらすことはないと既に示されています（レイら「絞首刑で発生した損傷」〈米国法医病理学雑誌〉15巻183～186頁、1994年）

質問17　これは質問7に対する貴殿の回答の確認です。貴殿は「『正確な』落下表なるものがあるとすれば、それは一方で頭部離断の危険性を減らすかも知れませんが、他方でより低い落下の高さ（ロープの長さ）は意識を保ったままのゆっくりとした窒息死の危険性を増やします」と述べられました。貴殿の言わんとするところは、正確な落下表なるものがあるとすれば、それは一方でより低い落下距離を導き出す可能性があるので頭部離断

の危険性を減らすかも知れないが、他方で意識を保ったままのゆっくりとした窒息死の発生は落下の高さとは無関係であるので、より低い落下の高さ（ロープの長さ）は意識を保ったままのゆっくりとした窒息死の危険性を増やすという事でしょうか。

　　はい。

　ラブル博士の言わんとするところは、意識を保ったままのゆっくりとした窒息死は常に起こり得るが、落下距離が短いと頭部離断が起こらないので、意識を保ったままのゆっくりとした窒息死が相対的に増えるということである。

　上記の質問の際に示すことができなかったので、2010年8月27日に公開された東京拘置所の刑場の写真を示して再度質問した。

　質問14　私共は、貴殿の論文から、仮に、絞首刑において、踏み板の高さが低く、細くて硬い針金のような索状物を使用しないとすると、頭部に負荷される落下エネルギーの不足のために頭部離断は発生し難いと理解しています。これは正しいでしょうか。

　　はい。

　質問15　東京拘置所の踏板の高さ4メートルは頭部離断を起こし得る限界の力12000ニュートンを発生させるのに十分な高さでしょうか。（以下略）

　　はい。我々の論文の図5から御理解いただけると思いますが、頭部離断はたとえ4メートルより低い高さからの落下であっても起こり得ます。決定的な要因は減速距離（係数s）です。

　確かにラブル博士の論文の図5（後掲）のグラフによると、減速距離が0.2mの場合には、4m以下の落下距離で頭部離断が起こりうることが分かる。また、上告趣意書で引用したラブル博士の論文によると、4m以下の落下距離で頭部離断が実際に起こっている。

　質問16　写真を精査して頂いた後で、わが国の絞首刑に頭部離断や意識を保ったままのゆっくりとした窒息死の危険性の高い危険性が存在するという貴殿の御意見（質問7に対する回答）を変更されますか。

　　いいえ。お分かりの通り、日本における刑場の状況からすると、落下の高さは最低でも4メートルはあります。

（4）頭部離断やゆっくりとした窒息死を防ぐ方法はあるか

死刑執行方法の改良によって頭部離断や意識を保ったままのゆっくりとした窒息死を防止できるか否かについて質問した。

質問8　100キログラムもしくはそれ以上の体重のある（私共の依頼人のような）受刑者の絞首刑における頭部離断と意識を保ったままのゆっくりとした窒息死の危険性は、69.1キログラム（2005年の40〜49歳日本人男性の平均体重）の男性と同じでしょうか。貴殿は100キログラムを超過する体重の受刑者全員に対して「適切な」落下距離を与えることができるとお考えでしょうか（参考資料11〈重い体重の死刑囚の絞首刑で、首の切断の可能性を認めた米国の判決〉および12〈米軍の死刑執行マニュアル〉）。回答の理由を御説明下さい。

体重だけからは「適切な」落下距離を算出できる可能性はありません。発生する力の程度と方向に影響する他の要因がいくつか他にあります。仮に正確な力を計算することができたとしても、この力が特定の個人に対してどのような効果をおよぼすかは予想することはできません。ノークスらは1999年に、頭部離断、脊髄切断による迅速な意識消失、および一定時間明瞭な意識があった後の死の間には明確な境界点がないと述べました（ノークスら「絞首刑の生体力学　事例報告」〈法医科学〉39巻61〜64頁、1999年）。

質問9　落下表の正式な採用もしくは他の科学的な改良によって日本の絞首刑から頭部離断や意識を保ったままのゆっくりとした窒息死の危険性を同時になくすことは可能とお考えですか。回答の理由を御説明下さい。

落下表が正式に採用されても頭部離断や意識を保ったままのゆっくりとした窒息死の危険性を減らすことはできません。なぜならそのような表は損傷のパターンを決める全ての要素を取り込むことができないからです。

つまり、ラブル博士によれば、落下表などを使用するなどして絞首刑の執行方法を変更しても、事故、すなわち、頭部離断や意識を保ったままのゆっくり

とした窒息死の可能性は消えない。その理由は、同博士によると、絞首刑の結果について科学的な予想が不可能だからである。同博士が引用するノークスらの論文によると、英国の絞首刑で、頭部離断による死、迅速な意識消失の後の死、及び一定時間意識が保たれた後の死が、ほぼ同じ大きさの落下エネルギーで発生している。これは、同じ大きさの落下エネルギーであっても、実際に受刑者の首にかかる力は様々な要因によって異なるためである。一方で、落下表等を使用しても、落下エネルギーを算出することが可能なだけで、実際に受刑者の首にかかる力を正確に予測することは不可能である。ラブル博士の回答は以上の内容を述べている。

（5）絞首刑の残虐性はどこにあるか
全体として絞首刑の残虐性はどこにあるのか質問した。
　質問10　もしあれば、貴殿がお考えになる絞首刑の残虐性を御説明いただけますか。それを銃殺刑および致死薬物注射の残虐性と比較して頂けますか。
　（冒頭略）**特定の個人に対する影響を予見し得る科学的な可能性がないので、絞首刑は残虐な行為の極端な実例です。絞首刑の多くの場合、死は瞬間的ではなく、一定の時間意識があった後に起こり、したがって、死刑を執行される者に不必要な苦痛と傷害が起こります。**
つまり、ラブル博士は、銃殺刑や致死薬物注射と比較して、絞首刑の結果は予想できない点、一定の時間意識があり、その間に不必要な苦痛や傷害があった後に死亡する点が残虐であると述べている。

（6）ロープの切断・ロープからの滑脱
　絞首刑の場合、死刑囚を垂下した際に、ロープが切れる、死刑囚がロープから外れるなどの「失敗」も存在する。
　これらの事態が起こった場合、再度の絞首が行われるという問題が出てくる。その実例が下記のとおり報告されている（いずれも旧字体を新字体に改めるなどした）。

京都監獄に当時勤務していた木名瀬礼助看守が執筆した論文「刑法改正案に就ての所感」（〈監獄協会雑誌〉20巻2号127〜135頁）から、ロープが切れた例をあげる。

　　死刑を執行するに当り、余輩指揮監督の地位に立ち、部下の執行者に現場に於て殺事を為さしめたるときの感相たるや、如何に職務なりと雖も、指揮者の下斑にあるもの顔色蒼然として寧ろ受刑者より反て執行者が軟弱なる状ありし。併し余輩ももとより此の惨刑執行の現場に於ては惻隠同情の発動を旺ならしめ堪えざる者ありしと雖も、此の場合弱気を示すことを許さず、自から進で剛胆を鼓舞して、虚勢を張り、絞首台の上下周囲に指揮監督し予期の如く絞首せしめ、刑者の踏台を外し、台下に落ると同時に何ぞ図らん絞縄、中間に於て切断し、刑者は地下に落倒せり。此の意外の出来に際し、執行吏は勿論、立会官も共に一時呆然として為す所を知らずと雖も、此の間髪を容れざる臨機に処し一刻一秒時も躊躇すべき場合にあらざるを以て余輩奮然自ずから其現場に飛込み刑者に残存する切断絞縄を締め、一面台上に結い付け、更に釣揚げ、漸く執行を結了せり。嗚呼、此の間に於ける無惨残酷、今更之を語るも転た戦慄の思あらしむ。

〈読売新聞〉記事（1893年8月1日付）から、ロープが外れた例をあげる。1893年7月27日、東京市ヶ谷監獄署で、死刑を執行された長島高之助である。

　　土用の丑の日、鰻屋死刑に就く　去る二十七日市ヶ谷監獄署に於て死刑に処せられし内藤新宿の二人斬凶行者、同地三丁目八番地竹虎方雇人鰻裂き長島高之助は、当日裁判所に引出されて死刑の宣告を受け、同人は頻りに愁傷の体なりしが、ややありていいける様、死期際にのぞみ申上度き一大事の候えば死刑三日間の御猶予を願うと声を放ちて涕泣し其の場を一寸も動かざるにぞ、看守等引き立てて刑場に引据えたるに、如何にしけん絞罪機の一度ならず二度までも外れて罪人地上に落ちたるはいまだ例なきのみならず、別に日もあるべきに土用の丑の日に鰻裂きの男が死刑を受くるとは奇怪のことよと白髪の看守は呟きぬ。

5　結論

　絞首刑が「理想的」に行なわれても、絞首された者の意識は一定の時間保たれ、同人にその間不必要な苦痛と傷害が起こる。しかも、いくら慎重を期しても、「理想的」に絞首刑を執行できるとは限らない。頭部離断や1～3分間意識を保ったままのゆっくりとした窒息死が発生し得る。絞首刑の結果は科学的な予測が不可能で、それに対する対応が困難だからである。これらの点において、絞首刑は銃殺や致死薬物注射と比較して残虐である。ラブル博士の回答書等はそのことを明らかにした。

　昭和30年4月6日大法廷判決はこれらの事実に基づいて見直されるべきである。また、わが国の死刑の執行方法が絞首に限定されている事実を考慮すれば、死刑そのものは憲法36条に違反しないとした昭和23年3月12日大法廷判決も見直されるべきである。

　以上、わが国の死刑が憲法36条に違反するとの「上告趣意書　第1点」の内容を補足した。

　原判決は刑事訴訟法410条1項により破棄されるべきである。

　　　　　　　　　　　　　　　　　　　　　　　　　　　　　　以　上

ラブル博士の論文の表5

■上告趣意書　資料6

　ラブル博士が作成した表です。死刑囚を落とす距離を縦軸、死刑囚の体重を横軸にとってあります。死刑囚の首が完全に切り離されるためには、12,000ニュートンの力が必要ですが、その力を生むための落下距離と体重がグラフになっています。4種類のロープについて曲線が描かれています。減速距離sは、日本の絞首刑の場合、ロープの伸びと等しくなります。1番上の曲線は、ロープの材質が伸び縮みしやすいものである場合のグラフです。このようにロープが0.8メートル伸びるような弾力性の高い素材で作られていると、バンジージャンプのようになり、死刑囚の首は切断されにくくなります。一方でロープの材質が伸び縮みしにくいもので、例えば1番下の曲線のようにロープが0.2メートルしか伸びないような弾力性の低いものだと、死刑囚の首は、4メートル以下の落下距離でも完全に切断される可能性があります。

12000ニュートンの等力曲線
体重(kg)に対する落下高度(m)
sはロープの伸び(減速距離)

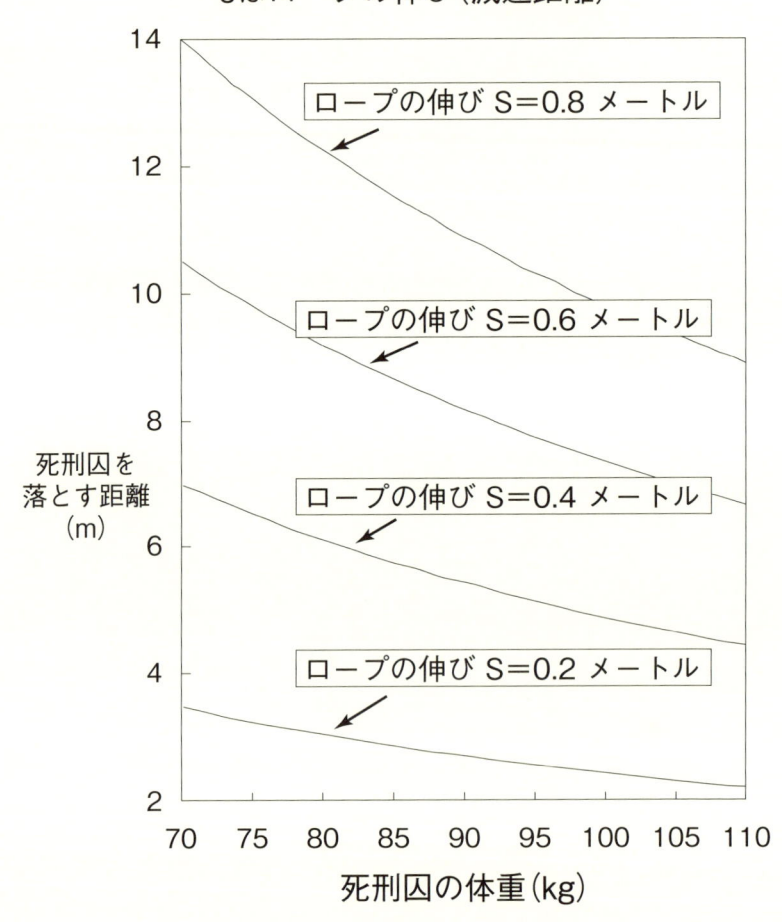

ロープの伸び S=0.8 メートル

ロープの伸び S=0.6 メートル

ロープの伸び S=0.4 メートル

ロープの伸び S=0.2 メートル

死刑囚を落とす距離(m)

死刑囚の体重(kg)

絞首刑の合憲性が争われた裁判の記録

■上告趣意書補充書(2)　資料7

　弁護人は、向江璋悦弁護士の著書『死刑廃止論の研究』から、松下今朝敏被告（当時。後に死刑確定、執行）の控訴審の記録を抜粋して最高裁に提出しました。本書では、さらにその内容の一部を絞って数字を漢数字からアラビア数字にするなど読みやすくして引用します。内容は当時の大阪拘置所刑場の検証調書、刑法学者の正木亮博士による鑑定書、法医学者の古畑種基博士による鑑定書です。

大阪拘置所刑場の検証調書（昭和26年8月2日）

　（冒頭略）
　第2　検証の結果（弁護人注：図面や写真は『死刑廃止論の研究』中に掲載されていない）

（1）立会人玉井策郎の指示説明
　立会人玉井策郎は「死刑囚が執行場に入ってから執行を受け絶命に至るまでの経緯を説明します。先ず死刑囚を当日指定時刻前にこの仏間に連行し検察官、検察事務官も立会の上拘置所長より本日死刑執行する旨告げ、立会の教誨師等によって読経し焼香した後教育課長より死刑囚に対し遺言の有無を尋ねその事情を立会の職員が録取し本人に読聞かせます。その際これ迄の例によりますと死刑囚の多くは信仰についての信念、犯罪及び被害者等に対する懺悔、被害者の冥福を祈る等その心情を述べるようで、そのような事情も立会職員は参考のため録取します。それから死刑囚は教誨師と共に最後の読経をし別離の握手を交わすのが普通です。なおこの際饅頭等の菓子を与えます。以上の行為が終わりますとこの場で死刑囚の面部を自分にて蔽い施錠の上立会職員がこの刑壇に連行しこの絞縄を首にかけます。

絞縄は身体の長短により調節し床板が落下した際地階コンクリート上5寸位の高さの処に足底が下るようにし又絞め方は体重によって調節しております。

このような準備が調ってから刑務課長の合図によって執行担当者がこのハンドルを引きます。するとこのように床板の片側が外れ落下し身体が垂れ下る訳です。この床板が落下するときの音響は非常に強大なもので、このように周囲の硝子戸の硝子にきずができているのもその為です。それからこの床板落下直後立会の法務技官（医師）が脈搏を触診し脈搏が緩徐となり結滞を生ずるに及び胸部聴診を行い心音の全く停止せる瞬間と落下後の所要時間とを秒時計によって計測し絶命した旨を拘置所長に報告します。

その後5分経過して瞳孔を検し刑死者の身体をここに敷いてある莚の上に横臥せしめて後縄を解くのです。

次に死刑囚がこの執行場に入場してから最後の焼香迄の所要時間は3、40分であり又死刑執行の所要時間は約15、6分です。」
と述べた。

（2）依って検すると

大阪拘置所内における死刑執行場の間取、模様等は別紙見取図及び添付写真（5葉）の通りである。

その様式は所謂地下垂下式絞縄法で屋上梁木より垂下式絞縄を取下げ梁木に附着する轆轤によって身体の長短により調節するようにしてある。

（添附写真の1参照）しかしてこの絞縄の長さは2丈5尺あった。

次に床板はハンドルを引くことによってその支えが外れるためその三方が地階に落下する仕組みになっている（添附写真の2及3参照）又床板落下の音響による硝子のきずは周囲の硝子戸に多少ぽつぽつとあるのを認めた。

次に地階の模様は添附写真の3乃至5の通りでその高さは1間半であることを認めた。

（以下略）

正木亮博士の鑑定書（昭和27年1月4日）

第1章　緒言

（冒頭略）

　幸か不幸か鑑定人は昭和11年2月市ヶ谷刑務所に於て執行されたる強盗殺人犯人の執行に立会する機会を得て居る。当時鑑定人は東京控訴院検事として旧刑事訴訟法第541条に基き裁判所書記を帯同、先ず市ヶ谷刑務所死刑場附属の阿弥陀室に於て受刑者、刑務所長、検事（鑑定人）、書記列席の下に教誨師の読経があり、次で刑務所長より遺言の機会を与える。最後茶菓を与えて、2人の看守附添い刑場に連行、目かくしをして首に絞縄をかけ、準備了ると看守が受刑者の立って居る仮天井を落とす。受刑者の体軀が垂下すると保険技師は直ちにその脈搏をとり絶命と共に之を屍室に納めた。

　監獄法第72条には「絞首の後死相を検し仍（な）お5分時を経るに非れば絞縄を解くを得ず」と規定されて居るが、本件の場合の所要時間は14分であった。

　此の死刑執行実見によって特に感ぜられたことは、執行前に受罰者に過大なる恐怖を与えることである。執行前の儀式が長が過ぎる。絞首台に行く路ゆきが長が過ぎる。絞首台の設備、例えば絞縄の取付が大げさであり過ぎる。従って本件の死刑囚も執行前に既に失心状態に陥って居たが、その様な現象が他の多くの死刑囚にも起ることが考えられる。

　第2に、死刑執行官吏に対して同情が起る。即ち、死刑執行吏等は執行前に絞縄を取付け、ハンドルの手入等を多忙に行うが、今日の職務を決して喜んで居らない。只職の為に行って居るに過ぎない。或執行官吏が述べたところによると、死刑執行後慰労の為に府中刑務所まで出張を命ぜられたが、囚人護送車には胸がむかついて乗れないということであった。ステフアン・ツワイグ Stefan Tweigが「現代の文化の中で公に人を屠殺することによって俸給を貰うというようないやな制度、文化をけがして居る制度はない」旨のことをいって居るが正にこの死刑執行を見たときに痛切に感じたものである。

（中略）

　右判例（弁護人注：昭和23年3月12日最高裁大法廷判決）によると、死刑の中には惨虐な執行方法と然らざるものとがある。火あぶり、はりつけ、さらし

首、釜ゆでの刑が惨虐であることは判例も之を認めたが、その他の方法が惨虐であるか否かは、その時代、環境、人道上の見地から定むべきだとしたのである。

この判例を作った裁判官等が死刑の執行を実見したことがあるか、実見の上でこの判例が作られたとすれば刑の惨虐性の判定の上に非常なる価値が生まれて来るのであるが、若し然らずとすれば、この判例は観念的・想像的なる判定に過ぎない。

とまれ、判例は時代と環境と人道上の見地よりその死刑が残虐なりや否やを定むべきものだという。

鑑定人は判例の趣旨に基づいて絞首刑の惨虐なりや否やを鑑定して見よう。

第7章　絞首刑は残虐刑か否か

絞首刑が残虐刑であるか否かの問題は各面によって意見が異る。従って、この問題を解決する為にはその各々の面の見方を説明する必要がある。

第1に、わが判例にあらわれた意見。

此の意見は前章に述べたように、誠に抽象的な意見である。此の判例によれば死刑の執行方法の中にはわが憲法第36条に禁止して居る死刑方法と禁止しない方法とがあるというのである。そして禁止して居る死刑方法というのは、火あぶり、はりつけ、さらし首、釜ゆでの刑ごときをいうと説明して居る。この説明によると判例が残虐性と認める点は罪人本人の痛苦というよりも刑罰の公開による世人の残虐感の強いものを残虐刑として居るようである。

火あぶり刑も、はりつけ刑も、徳川時代に用いられた公開の死刑方法であり、且その執行方法は本人が痛苦を感じたであろうことは想像出来るが、特に、刑事史に残されて居る点は公衆の面前に於て残虐なる執行をなし一般のみせしめとなしたという点である。判例が、この点に重きを置いて残虐の意義を定めたと思われる点は右4つの中に刑死後の罪人の首をさらす処分を以て残虐なる刑として挙げて居る点である。

さらし首は死刑ではなく、死刑後の付随刑である。ドイツの旧刑法に死刑又は無期刑者に名簿を剥奪する刑を付随せしめたのと同様である。最高裁判所の

裁判官がさらし首を死刑と誤解するようなことがある筈がない。しかるにここに特にさらし首が列挙せられて居ることは、残虐刑とはさらし首のようにむごい取扱いをする刑罰という意味に用いられたものと思われる。

果たして、しからば、判例による残虐とは本人の痛苦とは何等の関係のない大衆感に基いて定まるということになるのである。従って、密行されて居る今日の絞首刑は憲法の禁止する残虐の観念にあてはまらぬということになるのである。

第2に刑事史的の考察に基く絞首刑の残虐性に付てみよう。

刑事史的に見れば絞首刑は自然発生的である。故に、その方法は又各種各様であって、或は満州国に行われた様に1本の小棒と1本の縄とで首をしめたもの、或は立木の枝に吊してしめたもの、徳川時代の様な縛り首、前述した如き近代の諸様式殆ど一定するところがない。

しかしその何れの方法によっても、屍体の点に於ては他の如何なる死刑方法よりも残虐性は少ない。然るに拘らず、各国に於て絞首刑は残虐なるものとして排斥されて居る。1882年ニーヨーク州に於て絞首刑に革命が起り電気殺が採られるようになったのも結局絞首刑が残虐だという思想からであった。

逆に1933年ドイツの死刑法に於て死刑の順位が定められ絞首刑が最も重いとされたのも絞首方法は残虐だという観念に基いたものである。

第3に人道的見置に基く残虐性の観念に基く死刑方法の改革。

死刑方法の人道的見地ということはひとり客観的見置のみでなく、受刑者本人の立場に立って解決されなくてはならない。前述したように、アメリカのＤ・Ａ・ターナー少佐が瓦斯殺を以て人間を殺すに最も速いそして最も人道的な方法であるといい、更に絞首刑は人間がトラップから落ちた後7分から15分意識があり、電気殺は死の直前3度も4度も非常な衝撃を受けるとして何れも瓦斯殺よりも非人道的だとして居るのは、死刑の執行後長く本人を苦しめるような方法は非人道的であると指摘したわけである。

絞首刑を維持しようという人は、ドイツ等で行われる手斧刑、フランスのギョッチンは首が飛び血がはねて絞首刑よりも残虐であると主張する。しかし、この残虐悲惨は外見的であって本人に関するものではない。

D・A・ターナー氏の意見は人道的といい、残虐という用語は本人の痛苦を基本として考察すべしとなして居るのである。

此の見解によれば、刑事学的研究の結論は死刑執行法として今日の瓦斯殺が最も残虐性が少く、電気殺が之に次ぎ銃殺、斬殺、最後に絞首刑とされるのである。

而して今日の死刑執行方法が刑事政策的に残虐性を除去することに努力実行しつつあることは事実であり、且その結果が諸国に実現されつつあるのである。

以上の諸点を綜合してわが国の絞首刑が刑事学的にも最も残虐なる刑罰であるということは明言することが出来る。

第8章　結論

要するに、現在の死刑執行方法が憲法第36条の所謂「残虐なる死刑」に該当するや否やは之を法律解釈と刑事学とによって定むべきことはいうまでもない。

然るに、わが最高裁判所は只法律解釈の上から判断したに過ぎない。

しかし、憲法第36条の「残虐」の観念は刑事学の研究に基礎を置き然る後に法律上の結論を生むべきものである。

鑑定人はさような見置に立ち刑事学上死刑執行方法の歴史的変遷、各国の先例、各国の現状、刑事学界の傾向等を研究考覈して左の結論に到達する。

意見

1　日本刑法第11条所定の死刑は残虐なる刑罰である。

2　日本刑法第11条所定の絞首刑は刑事学上現存する諸国の死刑執行方法に比し最も残虐なる刑罰である。

以上（原文のまま）

古畑種基博士の鑑定書（昭和27年10月27日）

（冒頭略）

第2節　我国に行われている絞首刑は外国の死刑方法と比較して残虐であるか

現今用いられている死刑執行の方法は、前に述べたように絞殺、斬殺、銃殺、

電気殺、瓦斯殺の5種であるが、この中どの方法が医学的にみて一番苦痛のない方法であるかというと、絞殺と瓦斯殺である。

銃殺は普通の射殺方法と、死刑囚が一定の地位にたつと銃口が正しくその額に向くように予め照準がきめられている定着銃による方法とがあるが、何れも弾丸の貫通によって生じる顕著なる損傷がみられる。

斬殺は手斧又はギョッチンによって頭骨を切断する方法であって、頭と胴体がはなればなれになることと、大出血をきたすことによって、凄惨なる状態を現出する。

電気殺は現在でも米国のある州で行われる方法であるが、今日では余り理想的な方法であるとは考えられていない。

瓦斯殺は青酸ガスの充満している容器と密室とを連絡し、死刑囚がその密室に入るとその室の中に青酸ガスが入り、これによって瞬間的に死亡せしめる方法で、瞬間的に死亡するから、最も苦痛を感ぜずに絶命するので、1番人道的な死刑方法であるといわれている。絞殺は頸部に絞縄をまきつけて絞頸によって窒息死に陥らしめる方法で、昔から世界の各国で行われて来た、ごくありふれた方法である。

絞頸には頸部に索条をまきつけて絞圧する、いわゆる絞殺と、頸部に索条をまきつけて懸垂し、自己の体重によって頸部を締める、いわゆる縊死の2つの方法がある。

現在墺国ウィーン大学の法医学教授をしているシュワルツアッヘル博士が1928年（昭和3年）独逸法医学雑誌第11巻145頁に報告している研究によると、人の頸部を通って頭部にいっている動脈には気管の両側を気管に沿うて走る総頸動脈と、頸椎骨の中の横突起の中を骨に保護せられながら走っている椎骨動脈とがある椎骨動脈は頸部に於ては骨の管の中を走っているが、第1頸椎の所で横突起から出て少したるみをみせて大後頭孔から頭部に入ってゆく。血管にたるみがあるので、首を前後左右に動かしても、この椎骨動脈が引っ張られたり、圧迫せられたりすることがないようになっている。

フランスの有名なる法医学者ブルーアルデル教授は、気道を絞圧閉鎖せしめたるには15キログラムの力を要し、頸動脈は2キログラム、頸動脈は5キログ

ラム、椎骨動脈は30キログラムの力で絞首すると血行不能に陥るといっているが、前述のシュワルツアッヘル教授は、索条が左右相称に後上方に走っているときは、血管の内圧が170ミリメートル水銀柱のときに、頚動脈を閉鎖するためには3.5キログラムの力を要し、両椎骨動脈を圧塞するためには16.6キログラムの力を要するといっている。それ故、頚部に索条をかけて、体重をもって懸垂すると（縊死）、その体重が20キログラム以上あるときは左右頚動脈と両椎骨動脈を完全に圧塞することができ体重が頚部に作用した瞬間に人事不省に陥り全く意識を失う。

　それ故定型的縊死は最も苦痛のない安楽な死に方であるということは、法医学上の常識になっているのである。

　但し頚部にかける索条が柔軟なる布片の類であるときと、麻縄やロープのような硬い性質のものである場合とでは、死亡するに至る状況の多少の差異を生ずる。

　柔軟な布片を用いることは、ロープ麻縄を用いる場合に比して、遥かに安楽に死に致らしめることができるのである。

　法医学上からみると、以上述べた5種の死刑執行方法の内、死刑囚をして苦痛を感ぜしめることが少なく且つ瞬間的に死亡するものとして、青酸ガスによる方法と縊死による方法が一番よいものであると考えられる。

　但し我国で死刑執行の方法として現在行われている方法が、この法医学上の原理を充分に理解して行っているものでないならば、その致死に理想的でないところがあるであろうと推察せられる。

　絞殺が最も理想的に行われるならば、屍体に損傷を生ぜしめず、且つ死刑囚に苦痛を与えることがなく（精神的苦痛は除く）且つ死後残虐感を残さない点に於て他の方法に優っているものと思う。

　私は我国において行われている死刑方法は、外国に行われている方法と比較して、特に残虐なものでないと考える。然しながら、現在の死刑執行方法に改善の余地なきやと問われれば、私はその余地があると答えたい。

第3節　死刑執行後絶命に至るまでの各種執行方法の時間的差異

　5種の死刑執行後絶命に至るまでの時間的差異について、はっきりした記録をみることが出来なかったが、何れの方法によった場合でもその方法が当を得ていたときは、割合に早く絶命するもので、執行後長い間苦しんでいるということはないと思われるが執行方法が当を得ないときは、直ちに絶命しないようなこともあるであろう。特に瞬間的に死亡するものは瓦斯殺、斬首でこれに次で電気殺、銃殺、絞殺である。但し絞殺の際は執行後直ぐ意識を消失するのを常則とする。

　死後、死体現象が起り、そのために身体の運動をみることがあり、これをまだ死にきっていないものと誤って判断することを注意する必要がある。

　前述の如く、絞殺の時は刑執行の直後、意識を消失するが脈搏はなお10分乃至20分位、不規則且つ微弱にうっていることが知られている。

　（中略）

第3章　鑑定

以上説明の理由に基づき次の如く鑑定する。

　1　現在我国に行われている絞首刑のは医学上の見地より、現在他国に行われている死刑執行方法と比較して残虐であるということはない。但しこの執行方法の細部に於ては、これは改善する余地はある。

　斬殺、瓦斯殺に就ては執行の直後に絶命するが絞殺の場合は、死刑執行の直後に意識を消失し、本人は何等苦痛を感じないが、心臓は尚微弱、不規則に10分乃至30分位は微かに博動しておる。　　　　　　　　　　　　　　　　以上

　（以下略）

絞首刑で遺体はどうなるか？

■上告審趣意書補充書(2) 資料8

　弁護人は、九州帝国大学医学部法医学教室に所属する石橋無事医師が書いた論文を最高裁に提出しました。この論文によると、絞首刑で死亡した死刑囚の首の内部は激しく損傷していることが分かります。本書では、石橋医師の論文の一部を載せます。なお、表記を新字体・現代仮名遣いに改めるなどしました。また、死刑囚の氏名や死刑執行日は官報で確認したものを使用します。

「死刑屍の法医学的研究（上）」「同（下）」
石橋無事〈犯罪学雑誌〉9巻540〜547、660〜666頁

　（冒頭略）
　かつて我が教室に於ては刑事人類学研究の目的で20数体の死刑屍を集めて解剖せられたが、大正十四年祝融の災に遭った為め、標本並に検査記録の大半を焼失した。其の刑事人類学的事項に就ては先に平光(4)(5)池田(6)左座(5)(11)の諸氏によりて報告せられたから、余は記録のようやく完全保存せられたもの11例及び記録は失われたけれども保存標本によりて頸部の変化を窺い得るもの3例を集め、主として法医学的所見を整理補綴して縊死体所見の補遺とし、ここに之を報告する。
　注意、各死体は何れも股動脈内に防腐剤を注入して、長崎監獄から鉄路運搬せられたものである。

検査記録摘要
　（中略）
第3例、照山梅治、当27歳、死亡大正6年4月30日、解剖検査同年5月1日。
　1男屍、身長163.1センチメートル、体重59.9キログラム、体格中等度、栄養佳良、皮膚の色は一般に汚穢淡褐色蒼白で背面には暗紫褐色の屍斑を現わし、

死体強直は各関節に於て中等度に存する。

　顔面は暗紫紅色を呈し、眼結膜は汚穢暗紫紅色で血管やや充盈し、溢血点を認めない。角膜は軽く混濁し、瞳孔は左右共に開大し、左はやや楕円形、右は殆んど円形である。鼻翼を圧すると鼻孔から暗赤色の血様液を流出し、口唇粘膜は紫紅色、舌尖は歯列の外に突出し、舌尖の右側で口角に近い所に爪床大の暗赤紫色斑があって（粘膜下出血）、歯痕を有する。左右の耳介及び耳腔には損傷異常を認めない。

　頸部、前頸部には喉頭隆起の直上方に幅約1.0センチメートル、長さ22.5センチメートルの索溝があって、左端は乳様突起の直下方5.0センチメートルの部に達し、黄褐色革皮状を呈する。

（中略）

　頸部臓器を連結の儘、一斉に剔出して検するに、頸部臓器は甲状軟骨の上部に於て、筋肉及び靭帯と共に全く上下に離断せられて、左右径9.5センチメートル、上下径5.0センチメートルを算する空洞を形成し、喉頭部は潰滅し、舌骨の大角及び甲状軟骨の上角は共に根元から折破せられ、同じ高さで左頸動脈の内膜に３個、右頸動脈の内膜に３個の長さ0.5センチメートル乃至0.9センチメートルを算し、殆んど水平に走って居る裂傷があり、咽後結締織間に鶏卵大組織間出血を認める。

（中略）

第７例、古河定助、当27歳、死亡大正６年８月18日、解剖検査同年同月19日。

　１男屍、身長164.0センチメートル、体重51.0キログラム、体格中等、栄養不良、皮膚の色は一般に蒼白で、背面殊に肩甲部には紫紅色の死斑を形成し、死体強直は各関節に中等度に存する。

　顔面は汚穢淡紫褐色で左上眼瞼結膜は蒼白、左下眼瞼結膜及び右眼瞼結膜は紫紅色を呈し溢血点を認めない。角膜は軽く混濁し、瞳孔はやや開大し、円形で左右同大である。鼻翼を圧するに左右の鼻孔から汚穢暗赤色の泡沫液を洩す。口唇粘膜は汚穢紫褐色で溢血点なく、舌尖は歯列の後方にあり、耳介及び耳腔に損傷異常を認めない。

第６章　ラブル博士の見解をふまえた判断を　　145

頸部には左乳様突起の後下方4.54センチメートルの部で髪際から始まり、前頸部に於ては喉頭隆起の上方0.7センチメートルの部を走り、右乳様突起の前方7.0センチメートルの部に終って居る暗赤色革皮状の索溝がある。この索溝の下方に全頸部を環状に囲繞する同様索溝があり、後頸部に於ては外後頭結節の直下方6.0センチメートルの部を走行する。

（中略）

　頸部臓器を連結の儘、一斉に剔出して検するに、頸部臓器は皮下に於て全く破壊せられ、胸骨舌骨筋、甲状舌骨筋、中舌骨甲状靭帯は全部上下に離断せられ、喉頭もまた会厭の下部に於て上下に分たれて左右径6.0センチメートル、上下径2.5センチメートルを算する空洞を作る。甲状軟骨の上端は露出し、甲状軟骨上角及び舌骨大角は共に基部より骨折潰滅し、周囲の組織間出血があり、この高さに於て左右の頸動脈内膜に数個の長さ0.2センチメートル乃至0.5センチメートルを算する横走せる裂傷があり、咽後結締織間には鳩卵大の組織間出血を認むる。

（中略）

　軟硬脳膜血管充盈する。

第8例、佐久間力蔵、当61歳、死亡大正6年11月12日、解剖検査同年同月13日。
　1男屍、身長153.2センチメートル、体重47.9キログラム、体格、栄養共に中等度、皮膚の色は一般に蒼白で背面には紫褐色の屍斑を形成し、死体強直は各関節に強く存在する。
　顔面は赤褐色、眼結膜は蒼白で右上眼瞼結膜外眦部に近く3個の針尖大溢血点がある。角膜は中等度に混濁し、瞳孔は中等大に散大し、左右共殆ど円形同大である。鼻翼を圧すれば右鼻孔から暗赤色の血様液を洩らし、歯槽には歯牙なく、舌尖は両口唇の間に挟まる。左右の耳介及び耳腔に異常を認めない。
　頸部には左乳様突起の下やや後方4.0センチメートルの部に始まり、斜に前下方に向いて喉頭隆起の直上方2.0センチメートルの部を走り更に右頸部を上後方に向い、右乳様突起の直下方4.0センチメートルの部に終って居る索溝がある。前頸部に於ては幅約1.8センチメートルでやや陥凹し、帯褐色革皮状を

呈し、索溝の左端部に近い所に豌豆大の数個の表皮剥脱がある。
　（中略）
　頸部臓器を連結の儘、一斉に剔出して検するに舌は蒼白にして硬く、頸部臓器は皮下に於て破壊せられ、胸骨舌骨筋、肩甲舌骨筋、甲状舌骨筋、中舌骨甲状靭帯等は凡て上下に離断せられ、喉頭軟骨には骨折がないが、左右の舌骨大角は其の根元で折傷せられ、喉頭が会厭の下部に於て潰滅せられて居る。其の為ここに左右径6.5センチメートル、上下径3.0センチメートル、前後径4.0の空洞をつくり、其の周囲には強き組織間出血がある。
　（中略）
　縦及び横静脈洞内には多量の暗赤色流動血を容れ、内に軟凝血を含み、硬脳膜の血管は充盈。

　第9例、柴田与三郎、当53歳、死亡大正6年12月19日、解剖検査同年同月20日。
　1男屍、身長158.6センチメートル、体重45.1キログラム、体格、栄養共に中等度、皮膚の色は一般に蒼白で背面には淡紫紅色の軽き屍斑を形成し、死体強直は各関節に強く存する。
　顔面は淡紫紅色を呈し、左右の下眼瞼結膜は紫褐色で上眼瞼結膜は中央が蒼白で内外両眼眥に近き部分は紫褐色を呈する。溢血点を認めない。角膜は中等度に混濁し、瞳孔は中等度に開大し、左は径0.5センチメートル、右は径0.6センチメートルを算し、左右共ほぼ円形を呈する。鼻翼を圧するに左鼻孔から異常の液を洩らさないが、右鼻孔からは汚穢淡褐色でやや稀薄なる液を洩らし、死体の位置を動かす毎に口腔から前記同様の液を洩らす。舌尖は歯列の間に挟まれて歯の痕がある。
　頸部には左乳様突起の下やや後方4.0センチメートルの部に始まり、喉頭隆起の直上方を通って、右乳様突起の前下方8.5センチメートルの部に終って居る。黄褐色革皮状の索溝があり、其の上下両縁に接する部は紫紅色を呈し、前頸部に於て特に著明である。右頸部は右乳様突起の下やや後方4.0センチメートルの部に長さ1.5センチメートル、幅1.0センチメートルを算する不正四角形の表皮剥脱があり、其の後やや上方1.0センチメートルを距てて、径約1.0センチメー

トルの同様表皮剥脱がある。共に赤褐色にして乾固す。項部は腫脹してやや硬い。

（中略）

　頸部臓器、舌は蒼白で歯痕が有り、頸部臓器は甲状軟骨の上部で皮下組織を残して殆んど全く破断せられ、胸骨舌骨筋、肩甲舌骨筋、甲状舌骨筋、中舌骨甲状靱帯等は離断せられ、甲状軟骨は上切痕から下方に向って破砕し、左右径6.0センチメートル、上下径2.5センチメートル、前後径4.0センチメートルの空洞を形成する。左右の胸鎖乳様筋の上部に約扁桃大の筋肉間出血があり、咽後結締織間に約手拳大の組織間凝血を認むる。

（中略）

　軟脳膜下血管充盈す。

第10例、周却、当36歳、死亡大正7年1月29日、解剖検査同年同月30日。

　1男屍、身長171.6センチメートル、体重52.7キログラム、体格、栄養共に中等度、皮膚の色は一般に蒼白で、背面には淡紫褐色の屍斑を形成し、死体強直は各関節に強く存する。

　顔面は紫紅色を呈し、左右の眼瞼結膜は赤褐色で血管充盈し、溢血点を認めない。角膜は中等度に混濁し、瞳孔は左は中等度、右は軽度に散大し、円形である。鼻翼を圧するに左鼻孔からは暗赤色の血様液を洩らし、右鼻孔からは異常の液を洩さない。口唇粘膜は灰白褐色で、舌尖は歯列の後面に達する。左右の耳介及び耳腔に損傷異常を認めない。

　頸部には左乳様突起の直下方2.0センチメートルの部から始って喉頭隆起の直上方を走り、右乳様突起の直下方3.0センチメートルの部に終って居る索溝があり、其の下方で更に全頸部を環状に走っている索溝がある。この索溝は後頸部に於ては不鮮明で側頸部に至るに従い著明となり、前頸部に於ては前記索溝と合する、共に黄褐色革皮状を呈し、前頸部には前記の索溝に沿って其の上部に、左は乳様突起の下やや前方4.0センチメートルの部に始り、前頸部に於ては喉頭隆起の直上方2.5センチメートルの部を経て右下顎隅の下やや前方1.6センチメートルの部に達する幅0.6センチメートルの赤褐色乾固せる表皮剥脱

がある。右頸部には索溝の上部に5個の鶉豆大乃至蚕豆大の暗赤色乾固せる表皮剥脱がある。

（中略）

頸部臓器、前記索溝の高さに一致して、頸部臓器の周囲組織に高度の出血があり、暗赤色を呈する。頸部臓器は甲状軟骨の上部に於て上下に殆んど離断せられ、左頸動脈壁には其の高さに於て長さ0.4センチメートルの縦裂創がある。第2頸椎体に骨折を認むる。

（中略）

頭部の皮下組織は血量に富み、縦及び横静脈洞内には暗赤色流動血を容れ、硬及び軟脳膜血管は著しく充盈して居る。

第11例、上野幾馬、当44歳、死亡大正8年5月27日、解剖検査同年同月28日。

1男屍、身長153.0センチメートル、体重51.7キログラム、体格中等度、栄養佳良、皮膚の色は一般に汚穢淡褐色で、屍斑は背面及び両下肢の後面にやや著明に現れ、死体強直は各関節に強く存する。

顔面、紫褐色を呈し、眼瞼及び眼球結膜は赤褐色で、溢血点を認めない。角膜は僅に混濁し、瞳孔は中等度に開大し、左右共に同形同大である。鼻翼を圧するに汚穢赤褐色の液を洩らし、口唇粘膜は紫褐色で、口腔粘膜は灰白色を呈し、口から汚穢赤褐色の液を洩らす。舌尖は両口唇の間に介在し、左右の耳介及び耳腔に異常を認めない。

頸部には喉頭隆起の下方約2.0センチメートルの部から左右共に、後上方に斜走して乳様突起の下後方4.0センチメートルの部に終って居る索溝がある。幅2.0センチメートルを算し、暗赤褐色革皮状を呈する。

（中略）

頸部臓器、食道内は半消化状の米、麦、豆、菜葉を以て充し、食道粘膜は破裂軟骨の下方1.5センチメートルの部より下方7.0センチメートルの部に亘り汚穢紫紅色を呈し（粘膜下出血）、其の中央部に幅2.0センチメートルの粘膜が断裂剥離せる部分がある。気管上部には前記同様の食物残渣があり、甲状軟骨より下方2.5センチメートルの部の気管軟骨は全く断裂せられ、其部に相当して

左右頸動脈内膜に横走せし断裂創がある。左右の胸鎖乳様筋もまた是等の断裂創に一致して断裂し、周囲に出血竈を認むる。

軟脳膜血管充盈す。

（中略）

ここに報告する諸例は一般縊死の場合と異なり頸部臓器の断裂、出血等が強烈である。之は恐らく、刑死にありては、絞頸と同時に重き身体が急激に落下し、其の頸部に作用する力が強烈なる為めであろうと推測せられる。依って頸部に索条を掛けて、高所から飛び降るようにして、縊死した時にもまた恐らくかくの如き頸部臓器の強烈なる損傷を呈するだろうと推測せられる。

（以下略）

長島高之助の新聞記事

■上告趣意書補充書(2)資料12（和文）

　1893（明治26）年7月27日東京市ヶ谷監獄署で長島高之助という男性が絞首刑を執行されました。以下はその際の様子を報道した同年8月1日付、〈読売新聞〉の記事です。彼は首からロープが2回外れて3回目に死亡したようです。弁護人は最高裁にこの記事のコピーとワープロ打ちを提出しましたが、本書では記事のコピーと現代語訳をのせます。

読売新聞　1893年（明治26年）8月1日記事

●土用の丑の日鰻屋死刑に就く　去る廿七日市ヶ谷監獄署に於て死刑に處せられし内藤新宿の二人斬兇行者同地三丁目八番地竹虎方雇人鰻裂き長島高之助ハ当日裁判所に引出されて死刑の宣告を受け同人頻りに愁傷の体ありしがヤンヤありていひける様死期際にのぞみヤ上度と一大事のいへど死刑三日間の御猶豫と願ふと盛らに涕泣し其の場を一寸動かざるにぞ看守等引き立てゝ刑場に引据ゑたるに如何しけん絞罪機の一度ならず二度まで人地上に落ちたるにいまだ倒れさのみならず別にもあるべきに土用の丑の日に鰻裂きの男が死刑と受くるとわ奇怪の事よと白髪の看守ハ眩きぬ

《現代語訳》

土用の丑の日、ウナギ屋死刑となる

　去る27日市ヶ谷監獄署において死刑に処せられた内藤新宿の2人斬り凶行者、ウナギ料理人長島高之助（同地3丁目8番地竹虎方に勤務）は、当日裁判所に引出だされて死刑の宣告を受けた。同人はひどく嘆き悲しんでいたが、しばらくして言った。

「死ぬ前に申し上げたい重大な事があるので、死刑を三日間御猶予願います」

　（長島は）声を放って涙を流し、その場を全く動かなかったので、看守達が（訳注：長島を）引き立てて刑場に引き据えた。しかし、どうしたことであろうか絞首台のロープが1度ならず2度までも外れてその度に罪人は地上に落ちてしまった。

　白髪の看守は

「このようなことは今まで前例が無かっただけでなく、別の日もあるのに土用の丑の日にウナギ料理人の男が死刑に処せられるのは不思議なことだ」

と呟いた。

第7章

法医学者の見解(3)
首の骨折で瞬間的に死亡するという説は誤りだ

2011（平成23）年6月23日、弁護人はラブル博士に絞首刑についての3回目の質問を電子メールで送りました。それに対してラブル博士は回答書を電子メールで送信し、弁護人はその回答書を同月24日に受け取りました。ラブル博士による訂正ののち弁護人はこの回答書をラブル博士回答書(3)として最高裁に提出しました。本書では、さらに他の書類との表記の統一などの修正を加えました。

弁護人の質問に対して、ラブル博士が答えています。太い活字がラブル博士の回答です。

ラブル博士回答書(3)

弁護人の質問18〜28とラブル博士の回答

　以下の追加質問18〜28に御回答下さい。

　1935年、石橋無事医師（医学士、九州帝国大学医学部法医学教室助手）は「死刑屍の法医学的観察（上）及び（下）」（〈犯罪学雑誌〉9巻540〜547、660〜666頁、1935年。日本語で記述され、書誌情報のみはドイツ語でも提供された。日本で出版）という2つの論文を執筆しました。

　同医師は、その論文で、同教室で剖検が行われた14例の絞首刑死体の法医学的所見を報告しました。彼はこの報告を死体の解剖記録11例（事例1〜11）と保存された頸部臓器所見3例（事例12〜14）から作成しました。私共は各事例の所見を抽出し、参考資料14として添付いたしました。

　同医師はその中の10例（事例2、3、7〜14）で頸部の所見を得ることができました。

　1例（事例2）では、頸部に著変はありませんでした。9例（事例3、7〜14）では、頸部の臓器は広汎に離断されていました。軟骨の骨折、筋肉・靱帯・血管の断裂、著明な出血、及び空洞の形成が存在しました。第2頸椎の骨折は2例（事例10、14）で見られました。2重の索痕が2例（事例7、10）に認められました。

　彼の結論は、以下の通りでした。

　絞首刑において、これらの諸変化は絞頸と同時に重い身体が急激に落下したため、頸部に作用した力が、普通の（絞首刑ではない）縊死に比して甚だしく強烈であったために起こったものと推測できる。

質問18　石橋医師の報告は脊椎骨を除く首の臓器が、絞首刑の落下の衝撃で簡単に損傷したことを示唆しているように思われます。首の臓器の引っ張り強

さに関する貴殿の研究から同医師の結果を御説明ください。

我々の結果は、これらの観察結果と一致しています。胸鎖乳突筋を離断するための平均的な力は80ニュートン、首の皮膚は1センチメートル当たり150ニュートン、そして頸椎の分離（骨折は無し）には1000ニュートンの離断力が必要でした。

質問19　貴殿は、質問5への回答で、まれな例を除き、絞首刑で絞首された者の意識は最低でも5～8秒保たれると述べられました。絞首された者は、意識のある間に、上記の首の損傷による疼痛を感じるのでしょうか。

このような損傷は絞首された者に深刻な疼痛をもたらします。

質問20　古畑博士の意見は、体重が20キログラムを越える全ての受刑者の絞首刑において、頸部の動脈の血流が完全にかつ瞬間的に停止するという前提に基づいていると思われます。現在の法医科学の見地からして、この前提は、ロープが非対称に置かれた場合でも正しいでしょうか。回答の理由を御説明下さい。もし、この問題に関する論文を御存知ならばご紹介下さい。

非対称なロープの位置（最高点が耳の前――非定型絞頸）の場合、最高点の側の動脈（頸動脈及び椎骨動脈）は多くの場合閉鎖しません――これは結膜や口腔粘膜等の点状出血を伴ったうっ血症候群、及びより長い意識の持続をもたらします。しかし、仮に頸部の動脈が速やかに閉塞されても――脳に貯められた酸素が数秒間（5～8秒）の意識の持続を可能にします。

絞首刑において、受刑者が迅速に死亡するように、落下距離やロープの結び目の位置を調整して首の骨折を起こそうとしているとしばしば言われます。しかし、石橋医師の結果は骨折の頻度が低いことを示唆し、それはジェームズら（〈国際法医科学〉54巻81～91頁）の記載とも一致しているように思われます。

その通りです――これは法医学において認知され、かつ広く受け入れられている事実です。この文脈で言及されなければならないのは、脊椎骨が骨

折しても迅速な意識消失を起こさない事です。骨折した脊椎骨の一部が移動して延髄を傷付けなければなりません。第2頸椎の椎骨体の骨折（事例10）、もしくは第2頸椎の左右上関節面の不完全骨折（事例14）は、本来、意識の消失を起こしません!!

質問21　絞首刑において脊椎の骨折を起こす法医学的もしくは生体力学的な条件をご説明下さい。仮に意図したとしても、その条件を実現するのは難しいのでしょうか。もしそうならば、それはなぜ難しいか御回答下さい。
　　脊椎の骨折は、脊椎骨の生体力学的な限界を越える力によって起こります。これは圧迫（縊死ではあり得ない）、過伸展、過屈曲、過大な側方への運動、もしくは捻転（あり得ない）によって達成されます。非対称なロープの位置は、骨折が起こる可能性を増大しますが、骨折や、まして延髄の損傷を保障しません。

質問22　貴殿は質問4と5に対して、(「ほぼ瞬間的」な死をもたらす) 延髄の圧迫を伴う頸椎の骨折はまれであると回答されました。貴殿は石橋医師の報告で頸椎の骨折の割合が低かったことは、貴殿の回答を裏付けるとお考えになりますか。
　　はい。骨折はまれで、さらに延髄の損傷は極めてまれです。

質問23　これは古畑博士が鑑定書の中で引用したシュワルツアッヘル博士の論文に関する確認です。シュワルツアッヘル博士は死体の喉へロープを対称にあてて首の血管を完全に閉塞するための力を測定しました。彼は非対称なロープの位置での実験や首の血管が完全に閉塞した者の意識についての実験は行いませんでした。
　　これは正しいですか。もし私共の理解が誤っていたら、説明と訂正をお願いいたします。
　　この論文においてシュワルツアッヘルは他のロープの位置についても言及しています。しかし単に言及しただけです。また（ロープの最高点が首に

ある）定型絞頸において動脈の血流を止めるための最低の力について言及しています。

1997年に元刑務官の坂本敏夫氏が書いた『元刑務官が語る刑務所』（三一書房、32～33頁。日本語）を引用します（訳注：原典の明らかな誤植を訂正しました）。引用の中で同氏は刑務官時代を回想しています。

（訳注：50歳を過ぎた老練の刑務官が坂本氏に話しかけています）
「わしは2回死刑を執行している。2回目の時、新米の看守長が死刑囚の首にロープを掛ける役だった。顔面蒼白で手足を震わせていた。こりゃまずいと思ったのだが、踏み板を落とせという指示が出た。ハンドルが引かれて死刑囚は落ちたがロープが顎に掛かっていて絶命しない。所長も検事も皆、声も出ないほどうろたえていた……」
老刑務官は天を仰ぎ声を詰まらせた。
「わしがな……楽にしてやったんだ」
器械で死ねずに苦しんでいた死刑囚を殺してやったということだった（訳注：ここに言う「器械」とは、同一書籍の他の記載から、明治6年太政官布告65号所定の絞罪器械すなわち絞首台を指す）。
恐ろしく、しかし不幸な事に現実味のある内容です。

質問24　仮に、絞首刑で輪縄が上記の事例のように喉に当たっていなかったとすると、絞首された者の意識はどの位の時間保たれるか推定して頂けますか。輪縄が顔にかかっているような絞首刑の執行で受刑者は死ぬのでしょうか。回答の理由もご説明下さい。
これは絞首の際の、正確な輪縄の位置と頭部の動きによります。もし頭部の動脈が圧迫されていなければ――意識の消失は起こりません。

質問25　坂本氏は新人の刑務官が輪縄の位置を間違えたことを示唆しています。

それとは違って、落下の前に「適切な」位置にあった輪縄が、落下の衝撃や解剖学的な個人差の一方もしくは両方によって、落下の後に「不適切な」位置に移動することはあり得るでしょうか（参考資料16、輪縄が首から外れた事例を添付しております）。
仮に直径が大き過ぎるならば、輪縄は「動き」得るので、こういうこともあり得るでしょう。

質問26　私共はロッセンらの論文（1943年）は多くの論文で引用されていると理解しています。同論文の信頼性はどこに由来すると貴殿はお考えですか。法医科学者の視点から御回答下さい。
ロッセンは彼の実験を生きた（！！）若い男性で行ないました。このことが同論文を類のないものとしました――他の著者が観察したり実験したのは死体についてです。

質問27　これはロッセンらの論文についての確認です。被験者は脳への血液を停止しただけで疼痛を感じました。これは正しいですか。
これらの人々の疼痛が頸部に加わった力によって起こるはずがありません。疼痛の感覚は頸部臓器と脳の循環不全で説明できます（おそらく脳の腫脹と頭痛を伴っています）。

わが国の絞首刑では、皮で被われた、直径2センチメートルの麻の輪縄が使用されると言われています。

質問28　麻の輪縄を皮で被うことにより、受刑者において以下が起こる可能性は少なくなるでしょうか。
　(1)皮膚への損傷。
　(2)皮下の頸部臓器への損傷。
　(3)頭部離断。
　(4)意識を保ったままのゆっくりとした窒息死。

回答の理由も御説明下さい。

　皮で被うことによって、より表面が滑らかなので、表皮剥落が起こる可能性だけは小さくなるでしょう。そのように被うことで力それ自体は減らないので、2、3及び4が起こる可能性は変わりません。

《英文》
Dr. Rabl's Opinion (3)

Questions 18-28 by defense counselors and answers by Dr. Rabl

Please answer these additional questions, Q18-28.

In 1935, Dr. Buji ISHIBASHI (M.B, assistant of forensic pathology lab in the Medical Department of Kyushu Imperial University) wrote two articles (Gerichtlich-medizinische Untersuchungen über die Leichnamen der Hingerichteten (1) und (2) *Archiv Für Gerichtliche Medizin und Kriminologie* 9; 540-547, 660-666; the articles were in Japanese, and only bibliographic information was given also in Germany, printed in Japan).

In these articles, Dr. ISHIBASHI reported the forensic findings of 14 judicially hanged cadavers, on which postmortem examinations had been carried out at his lab. He made the reports from the examination records in 11 cases (No. 1-11) and the findings of preserved neck organs in 3 cases (No.12-14). We have extracted the findings of each case and attached them as ref. 14.

Dr. ISHIBASHI was able to obtain neck findings for 10 cases: No.2, 3, 7-14.

In one case (No.2), there was no remarkable change in the neck. In nine cases (No3, 7-14), the neck organs were badly torn. There were fractures of cartilage; lacerations of muscles, ligaments, and vessels; remarkable hemorrhage; and the formation of cavities. Fractures of the second cervical vertebrae were found in two cases (No.10, 14). Double ligature marks were noted in two cases (No.7, 10).

Dr. ISHIBASHI's conclusion was as follows: "I believe that, in judicial hanging (JH), at the same time that the inmate was hanged, the inmate's body with considerable weight fell down at high speed; therefore, in comparison with ordinary hanging (non JH), the force on the neck was so great that the injuries were produced."

Q18. It seems that Dr. Ishibashi's reports suggested that the neck organs except for the vertebrae were so easily injured by the impact of the drop. Could you explain his result from your research on their tensile strength?

> Our results are in concordance with these observations. The mean force to disrupt the Mm. sternocleidomastoidei was 80 Newton, for one centimeter of neck skin 150 N and for separation of the cervical spine (without fractures) a tearing force of 1000 N was necessary.

Q19. You mentioned in your answers to Q5 that consciousness of a hanged person would last at least for 5-8 seconds in JH, except for the rare case. Dose a hanged person felt pain from the above-mentioned injuries during this period of consciousness?

> Such injuries would lead to serious pain for the hanged person.

Q20. Dr. Furuhata's opinion seems to be based on the precondition that the blood flow of the cervical arteries is obstructed completely and instantaneously in every JH of an inmate weighing more than 20kg. From the viewpoint of current forensic science, is this precondition correct even if the asymmetrical rope position is used? Please explain the reason of your answer. And if you know any articles about this topic, please introduce them to us.

> In the cases of asymmetrical rope position (highest point in front of the ears – atypical hanging) the arteries (A. carotis and A. vertebralis) on the side of the highest point are not obstructed in most cases – this leads to a syndrome of congestion with petechial hemorrhages in the conjunctivae, oral mucosa, … and to a longer period of consciousness. BUT: even if the cervical arteries are obstructed immediately – the oxygen reserve of the brain would allow a period of consciousness of several seconds (5-8 s).

It is often said that they have the intention to cause a cervical spine fracture for the immediate death of the inmate in JH, by adjusting the height of the fall and the position of the knot. But Dr. Ishibashi's result suggested that the rate of fracture would be low, which seems to correspond with the description of James et al. (Forens. Sci. Int. Vol.54 pp.81-91 1992).

> Yes – this fact is known and commonly accepted in forensic medicine. In this context it has to be mentioned, that a vertebral fracture itself does not lead to immediate unconsciousness. The parts of the fractured vertebra would have to be displaced and injure the medulla oblongata. A fracture of the body of C2 (case 10) or an incomplete fracture of both superior articular surfaces of C2 (case 14) per se do not cause unconsciousness!!

Q21. Please explain the forensic or biomechanical conditions which cause the fracture of the cervical spine in JH. Would it be difficult to realize this condition in actual JH, even if they intend to do so? If so, why would it be difficult?

> Fractures of the cervical spine in cases of hanging are caused by forces that exceed the biomechanical limits of the vertebrae. This can be reached by compression (not possible by hanging), hyperextension, hyperflexion, excessive lateral movement or torsion (not possible). An asymmetrical position of the rope would increase the risk for fracture but cannot guarantee fractures and even less injuries of the medulla.

Q22. Do you think that the low-rate of the cervical spine fracture supports your answers to Q4 and Q5, that the cervical fractures with compression of the medulla oblongata (which will cause "almost instantaneous" death) are rare?

> Yes. Fractures are rare and additional injuries of the medulla are very uncommon.

Q23. This is confirmation about the article by Dr. Schwarzacher, which Dr. Furuhata quoted in his written opinion. Dr. Schwarzacher measured the force to occlude the neck vessels completely with placing a rope symmetrically on the throat of a cadaver. He didn't make any experiments with asymmetrical rope positions nor on consciousness of the person whose neck vessels were completely obstructed.

Is this correct? If our understanding is wrong, please explain and make correction.

In his article Schwarzacher mentioned other positions of the rope but he did just stated, that in the cases of typical hanging (highest point of the rope in the neck) the lowest forces were needed to stop the circulation in the arteries.

We quote a book (*Former prison officer talks on prisons* San-ichi shobou pp32-33; in Japanese) written by Mr. Toshio SAKAMOTO in 1997, who was a former prison officer. In the quotation, he recalled his prison officer days:
'(Translator's note: A veteran prison officer over 50 years old is talking to Mr. Sakamoto…),
"I have taken part in the execution twice. On the second, a new senior-prison-officer took charge of placing the noose around inmate's neck. The officer looked pale and his hands and legs were trembling. What a mess!, I thought. But the order to open the trapdoor was given. The handle was pulled. The inmate fell down, but he did not die because he was hanged with the rope on his jaw. The warden and the prosecutor who attend the execution were so upset that they couldn't say a word."

The old prison officer was unable to continue speaking, and he looked up the sky.
"I", he faltered in his speech, "Saved him from the pain."

What he said he meant was that in some way he had killed the condemned man who dangled from a rope that hung around his chin suffered without being able to die.

A horrible, but unfortunately realistic story.

Q24. If in JH the noose is not on the throat but on the face, as in the above-mentioned case, could you estimate how long consciousness of the hanged inmate would last? Will the inmate die in such an execution of JH with the noose on the face? Please also explain the reasons of your answers.

This depends on the exact position of the noose and the movements of the head during hanging. If the cervical vessels are not compressed – unconsciousness cannot occur.

Q25. Mr. Sakamoto suggested that the new prison officer misplaced the noose. Is it possible that otherwise the noose, which had been 'properly' placed before the drop, might slip or move to 'improper' positions after the drop because of the impact of the drop and/or anatomical variations? (We have attached the file ref.16, a case of the noose slipping from the neck in JH).

This is possible if the diameter of the loop is too high, so that the noose can "move".

Q26. We understand that the article by Dr. Rossen et al. (1943) has been quoted in many articles. Where do you think the credibility of this article comes from? Please explain from the standpoint of a forensic scientist.

Rossen made his experiments with living (!!) young men. This makes the article unique – all other authors reported about observations or made experiments with corpses.

Q27. This is confirmation about the article by Dr. Rossen et al. The test persons felt pains only because of the stoppage of blood flow to the brain. Is this correct? If our understanding is wrong, please explain and make correction.

The pain of these persons cannot be caused by the forces on the neck. The pain sensations account to impairment of the circulation of neck organs and the brain (maybe with brain swelling and headache).

In Japanese JH, it is said that the noose is made of hemp rope with a 2.0cm diameter and covered with leather.

Q28. By covering the noose with leather, would the inmate's risk of the following decrease?
(1)Damage to the skin?
(2)Injury to subcutaneus neck organs?
(3)Decapitation (DC)?
(4)Slow strangulation with consciousness (SSC)?
Please also explain the reasons of your answers.

> By covering with leather only the risk of skin abrasions would be reduced because of the more slippery surface. The forces itself cannot be reduced by such a covering, so the risks of 2, 3 and 4 would not change.

Takanosuke Nagashima's Story

■reference 16 in Dr. Rabl's opinion (3)

The Yomiuri Newspaper August 1, 1893

On July 27, the Day of the OX (during the height of summer, when people in Japan customarily eat grilled eel with sweet soy sauce), an eel-cook was executed.

Takanosuke Nagashima, an atrocious murderer who put two persons to the sword in the Naito district of Shinjuku and who was employed as an eel-cook at Taketora Eel Restaurant in the same town, was executed at Ichigaya Prison. On that day, Nagashima was summoned and brought to the Court where judgment was passed that he should be executed by hanging. Nagashima deeply grieved over this sentence. After a while he said, "I have a critically important thing to say before my death, please give me a reprieve of three days." Nagashima cried and wept bitterly, and he would not move an inch. But prison officers took him to the site of execution and positioned him on the gallows.

An old officer with white hair whispered (to this reporter), "I don't know why the noose came off Nagashima's neck. He fell down to the ground not once but twice. This was an unprecedented happening. Moreover, it is mysterious that even though there might have been another day when Nagashima could have been hanged, the eel-cook was executed on the Day of the OX."

第8章

最高裁判所への意見(4)
再びラブル博士の見解を
ふまえた判断を

　上告趣意書補充書(2)に続いて、弁護人は2011（平成23）年7月14日上告趣意書補充書(3)を提出しました。本書ではさらに他の書類との表記の統一などの修正を加えました。
　この補充書(3)を作成するにあたって、ヴァルテル・ラブル博士から、3回目の意見を頂くことができました。
　補充書(3)は、ラブル博士の3回目の回答書をもとにしたものです。
　古畑博士が絞首刑では死刑囚の意識は即座になくなると述べる根拠となった論文は、死体を用いたもので、意識の有無を論ずるには不適切です。絞首刑で首が折れることはまれで、しかも首が折れても意識はなくなりません。絞首刑で死刑囚の首の骨を意図的に骨折させるのは困難です。死刑囚の意識はすぐになくならず、一方で首はひどく傷付くので激しい痛みがあります。絞首刑で使うロープを皮でおおっても、首の切断やゆっくりとした窒息死を防ぐことはできません。
　ラブル博士の指摘によると、絞首刑については、いろいろ誤った情報が広がっています。

上告趣意書補充書(3)

上告趣意書補充書(3)

2011年7月14日

最高裁判所第二小法廷　御中

1　はじめに――昭和30年4月6日大法廷判決の見直しを重ねて求める

「上告趣意書　第1点　第1　憲法36条違反」において、昭和30年4月6日大法廷判決は見直されるべきであると論じた。上告趣意書補充書(2)では、絞首刑に関する同判決当時の法医学的見解に誤りがあったこと、及び同判決当時に論じられていなかった絞首刑の問題点が存在することを明らかにした。その上で、同判決は見直されるべきであることを補足した。本補充書においても同様の観点からさらなる補足を行なう。

2　古畑博士及びラブル博士の意見

すでに上告趣意書補充書(2)で記載した内容であるが、絞首刑について、1952年に古畑博士が鑑定書で述べた意見、及び2010年と2011年にラブル博士が述べた意見について簡単にまとめる。

古畑博士の意見は以下のとおりである。

シュワルツアッヘル博士の死体を用いた実験によると、絞首刑において、絞首された者の首の動脈は即座に閉塞する。したがって同人は即時に意識を失うから苦痛を感じない。この点において絞首刑は他の死刑執行方法に優っている。

これは、昭和30年4月6日大法廷判決当時のわが国の法医学の水準において、代表的な見解であったと考えられる。また、現在でも同様の見方がある。

一方で、絞首刑に関するラブル博士の意見は以下のとおりである。

絞首刑において、仮に首の動脈がすぐに閉塞しても、ロッセン医師らによる実験によれば、絞首された者は、5〜8秒間意識を失わず、その間に疼痛を感ずる。この点で古畑博士の意見は完全に間違っている。また、それ以前に、絞首刑においてはロープが非対称であるために、首の動脈が即座に閉塞するとは限らない。その際には、絞首された者は2〜3分間かけて意識を保ったままゆっくりと窒息死する可能性がある。さらに、頭部離断の可能性もある。意識を保ったままのゆっくりとした窒息死や頭部離断が起こるか否かは、ノークス博士らによると、科学的な予想が不可能である。したがって、それらを防ぐことも困難である。これらの点において、絞首刑は銃殺や致死薬物注射と比較して残虐である。

　古畑博士の意見よりも、ラブル博士の意見がより妥当であることは明らかであるが、さらに弁護人はラブル博士に対して3回目の求意見を行なった。同博士はそれに対して回答書を返送した。回答書は、弁護人からの質問をひとつずつ引用してそれに回答する形式である。個別の質問項目以外に、弁護人が質問の前提として記載した文章に対する注記も行なわれている。回答書の抜粋を右寄せにして、次項以下、順不同で紹介する。同博士の回答・注記は太字になっている。なお、原文は全て英語である。

3　昭和30年4月6日大法廷判決当時の法医学的見解に対する批判の補充

（1）意識は一定時間持続する

　絞首された者の首の血流について、ラブル博士はすでに質問4と5で回答しているが、古畑博士の意見を再度示して質問した。

　　質問20　古畑博士の意見は、体重が20キログラムを越える全ての受刑者の絞首刑において、頸部の動脈の血流が完全にかつ瞬間的に停止するという前提に基づいていると思われます。現在の法医科学の見地からして、この前提は、ロープが非対称に置かれた場合でも正しいでしょうか。回答の理由を御説明下さい。もし、この問題に関する論文を御存知ならばご紹介下

さい。
> **非対称なロープの位置（最高点が耳の前――非定型縊頸）の場合、最高点の側の動脈（頸動脈及び椎骨動脈）は多くの場合閉鎖しません――これは結膜や口腔粘膜等の点状出血を伴ったうっ血症候群、及びより長い意識の持続をもたらします。しかし、仮に頸部の動脈が速やかに閉塞されても――脳に貯められた酸素が数秒間（5～8秒）の意識の持続を可能にします。**

古畑博士が、その鑑定の根拠としたシュワルツアッヘル博士の論文は、ドイツ語で記述されている。その内容は、浅田一著『首つりと窒息死』（芹田東光社、1949年）で引用されている。それによると、シュワルツアッヘル博士の実験が絞首された者の意識の有無を判断するには不十分であることは明らかであるが、念のため、ドイツ語を母語とするラブル博士にその内容を確認した。

質問23　これは古畑博士が鑑定書の中で引用したシュワルツアッヘル博士の論文に関する確認です。シュワルツアッヘル博士は死体の喉へロープを対称にあてて首の血管を完全に閉塞するための力を測定しました。彼は非対称なロープの位置での実験や首の血管が完全に閉塞した者の意識についての実験は行いませんでした。
　これは正しいですか。もし私共の理解が誤っていたら、説明と訂正をお願いいたします。
> **この論文においてシュワルツアッヘルは他のロープの位置についても言及しています。しかし単に言及しただけです。また（ロープの最高点が首にある）定型縊頸において動脈の血流を止めるための最低の力について言及しています。**

ラブル博士が、首の動脈が閉塞しても5～8秒間は意識が保たれるとする根拠は、ロッセン医師らが執筆した論文である。同論文は現在も様々な分野で引用されている。何故信用されているのか質問した。

質問26　私共はロッセン医師らの論文（1943年）は多くの論文で引用されていると理解しています。同論文の信頼性はどこに由来すると貴殿はお考えですか。法医科学者の視点から御回答下さい。

ロッセンは彼の実験を生きた（！！）若い男性で行ないました。このことが同論文を類のないものとしました――他の著者が観察したり実験したのは死体についてです。

　生きた被験者を用いていることから、首の血流が止まった者の意識の有無を論ずるにあたって、ロッセン医師らの論文を超えるものがないことは明らかである。

（2）首への損傷に由来する疼痛が存在する
　ラブル博士は、絞首された者の疼痛について、ロッセン医師らの論文を引用している。ロッセン医師らは、被験者の疼痛が、手・腕・頭・顔でしばしば見られ、下肢・背中・胸・腹でも観察され、多くの被験者で全身に見られたと述べている。

質問27　これはロッセン医師らの論文についての確認です。被験者は脳への血液を停止しただけで疼痛を感じました。これは正しいですか。

これらの人々の疼痛が頸部に加わった力によって起こるはずがありません。疼痛の感覚は頸部臓器と脳の循環不全で説明できます（おそらく脳の腫脹と頭痛を伴っています）。

　上記によると、単に絞首して首の血液を止めただけで、絞首された者は、全身の様々な部位に疼痛を感じる。
　ところで、弁護人は石橋無事医師の論文「死刑屍の法医学的観察（上）（下）」について各事例の頸部臓器等の所見、及び下記の内容を英訳してラブル博士に示した（それぞれ参考資料14、質問中に記載）。

1935年、石橋無事医師（医学士、九州帝国大学医学部法医学教室助手）は「死刑屍の法医学的観察（上）及び（下）」（《犯罪学雑誌》9巻540〜547、660〜666頁、1935年。日本語で記述され、書誌情報のみはドイツ語でも提供された。日本で出版）という2つの論文を執筆しました。

　同医師は、その論文で、同教室で剖検が行われた14例の絞首刑死体の法医学的所見を報告しました。彼はこの報告を死体の解剖記録11例（事例1〜11）と保存された頸部臓器所見3例（事例12〜14）から作成しました。私共は各事例の所見を抽出し、参考資料14として添付いたしました。

　同医師はその中の10例（事例2、3、7〜14）で頸部の所見を得ることができました。

　1例（事例2）では、頸部に著変はありませんでした。9例（事例3、7〜14）では、頸部の臓器は広汎に離断されていました。軟骨の骨折、筋肉・靱帯・血管の断裂、著明な出血、及び空洞の形成が存在しました。第2頸椎の骨折は2例（事例10、14）で見られました。2重の索痕が2例（事例7、10）に認められました。

　彼の結論は、以下のとおりでした。

　絞首刑において、これらの諸変化は絞頸と同時に重い身体が急激に落下したため、頸部に作用した力が、普通の（絞首刑ではない）縊死に比して甚だしく強烈であったために起こったものと推測できる。

　上記のとおり、石橋医師の論文によると、絞首刑死体の頸部臓器は、頸椎骨折の頻度は少ないものの、軟骨の骨折、気管・筋肉・血管の断裂、出血あるいは空洞が形成される等の深刻な損傷を受けている。この点について、ラブル博士に質問した。

　質問18　石橋医師の報告は脊椎骨を除く首の臓器が、絞首刑の落下の衝撃で簡単に損傷したことを示唆しているように思われます。首の臓器の引っ張り強さに関する貴殿の研究から同医師の結果を御説明ください。

　　我々の結果は、これらの観察結果と一致しています。胸鎖乳突筋を離

断するための平均的な力は80ニュートン、首の皮膚は1センチメートル当たり150ニュートン、そして頸椎の分離（骨折は無し）には1000ニュートンの離断力が必要でした。

質問19　貴殿は、質問5への回答で、まれな例を除き、絞首刑で絞首された者の意識は最低でも5〜8秒保たれると述べられました。絞首された者は、意識のある間に、上記の首の損傷による疼痛を感じるのでしょうか。
このような損傷は絞首された者に深刻な疼痛をもたらします。

以上から絞首刑において、頸椎を除く頸部の臓器は容易に損傷し、それに由来する疼痛を受刑者は経験することが明らかである。
　ところで、首の骨が折れるため死刑を執行された者は即死すると、しばしば語られる。この点について、ラブル博士に質問した。

絞首刑において、受刑者が迅速に死亡するように、落下距離やロープの結び目の位置を調整して首の骨折を起こそうとしているとしばしば言われます。しかし、石橋医師の結果は骨折の頻度が低いことを示唆し、それはジェームズら（〈国際法医科学〉54巻81〜91頁）の記載とも一致しているように思われます。
そのとおりです──これは法医学において認知され、かつ広く受け入れられている事実です。この文脈で言及されなければならないのは、脊椎骨が骨折しても迅速な意識消失を起こさない事です。骨折した脊椎骨の一部が移動して延髄を傷付けなければなりません。第2頸椎の椎骨体の骨折（事例10）、もしくは第2頸椎の左右上関節面の不完全骨折（事例14）は、本来、意識の消失を起こしません!!

質問21　絞首刑において脊椎の骨折を起こす法医学的もしくは生体力学的な条件をご説明下さい。仮に意図したとしても、その条件を実現するのは難しいのでしょうか。もしそうならば、それはなぜ難しいか御回答下さい。

脊椎の骨折は、脊椎骨の生体力学的な限界を越える力によって起こります。これは圧迫（縊死ではあり得ない）、過伸展、過屈曲、過大な側方への運動、もしくは捻転（あり得ない）によって達成されます。非対称なロープの位置は、骨折が起こる可能性を増大しますが、骨折や、まして延髄の損傷を保障しません。

質問22　貴殿は質問4と5に対して、（「ほぼ瞬間的」な死をもたらす）延髄の圧迫を伴う頸椎の骨折はまれであると回答されました。貴殿は石橋医師の報告で頸椎の骨折の割合が低かったことは、貴殿の回答を裏付けるとお考えになりますか。

はい。骨折はまれで、さらに延髄の損傷は極めてまれです。

以上から、死刑を執行される者の頸椎を意図的に骨折させることは困難であり、仮に頸椎の骨折があっても、絞首された者の意識の消失は直ちに起こらないことが明らかである。

4　昭和30年4月6日大法廷判決で検討されていない事項の補充

（1）ロープが喉以外にかかる

絞首刑の失敗例について、書籍に記載された、絞縄が顎にかかって受刑者が死亡しなかった事例について、ラブル博士に質問した。

1997年に元刑務官の坂本敏夫氏が書いた『元刑務官が語る刑務所』（三一書房　32～33頁。日本語）を引用します（訳注：原典の明らかな誤植を訂正しました）。引用の中で同氏は刑務官時代を回想しています。

（弁護人注：50歳を過ぎた老練の刑務官が坂本氏に話しかけています）
「わしは2回死刑を執行している。2回目の時、新米の看守長が死刑囚の首にロープを掛ける役だった。顔面蒼白で手足を震わせていた。こりゃまずいと思ったのだが、踏み板を落とせという指示が出た。ハンドルが引

かれて死刑囚は落ちたがロープが顎に掛かっていて絶命しない。所長も検事も皆、声も出ないほどうろたえていた……」

老刑務官は天を仰ぎ声を詰まらせた。

「わしがな……楽にしてやったんだ」

器械で死ねずに苦しんでいた死刑囚を殺してやったということだった（訳注：ここに言う「器械」とは、同一書籍の他の記載から、明治6年太政官布告65号所定の絞罪器械すなわち絞首台を指す）。

恐ろしく、しかし不幸な事に現実味のある内容です。

質問24　仮に、絞首刑で輪縄が上記の事例のように喉に当たっていなかったとすると、絞首された者の意識はどの位の時間保たれるか推定して頂けますか。輪縄が顔にかかっているような絞首刑の執行で受刑者は死ぬのでしょうか。回答の理由もご説明下さい。

これは絞首の際の、正確な輪縄の位置と絞首の間の頭部の動きによります。もし頭部の動脈が圧迫されていなければ――意識の消失は起こりません。

質問25　坂本氏は新人の刑務官が輪縄の位置を間違えたことを示唆しています。

それとは違って、落下の前に「適切な」位置にあった輪縄が、落下の衝撃や解剖学的な個人差の一方もしくは両方によって、落下の後に「不適切な」位置に移動することはあり得るでしょうか（参考資料16、輪縄が首から外れた事例を添付しております）。

仮に直径が大き過ぎるならば、輪縄は「動き」得るので、こういうこともあり得るでしょう。

（2）絞縄を皮で被っても絞首刑の問題は解決しない

向江璋悦弁護士の『死刑廃止論の研究』（513〜514頁）等によれば、わが国の絞首刑では直径2センチメートルの麻のロープを革で被って使用している。

この使用によって絞首刑の結果に変化があるか否か、ラブル博士に質問した（①〜④の番号は、原文の質問では(1)〜(4)、原文の回答では1〜4と表記されている）。

　質問28　麻の輪縄を皮で被うことにより、受刑者において以下が起こる可能性は少なくなるでしょうか。
　①皮膚への損傷。
　②皮下の頸部臓器への損傷。
　③頭部離断。
　④意識を保ったままのゆっくりとした窒息死。
　回答の理由も御説明下さい。
　　皮で被うことによって、より表面が滑らかなので、表皮剥落が起こる可能性のみは小さくなるでしょう。そのように被うことで力それ自体は減らないので、②、③及び④が起こる可能性は変わりません。

5　結論

　絞首刑が「理想的」に執行されても、受刑者の頸部臓器は深刻な損傷を受ける一方で、同人の意識が一定の時間保たれる。絞首された者は即座に意識を消失するから何ら苦痛を感じないとする古畑博士の意見は全く誤りである。また、絞首刑において、受刑者の頸椎を意図的に骨折させる事は困難である上、仮に骨折が発生しても、同人の意識が消失するとは限らない。絞首刑で頸椎が骨折するから受刑者は瞬間的に死亡するとしばしば語られるが、それも誤りである。しかも、ロープが喉にかからず、受刑者が意識を保ったままゆっくりと窒息する事例も起こり得る。絞縄を皮で被っても、頸部臓器の損傷・頭部離断・意識を保ったままのゆっくりとした窒息死の発生頻度は変わらない。ラブル博士の3回目の回答書等はこれらの事実を明らかにした。
　昭和30年4月6日大法廷判決はこれらの事実に基づいて見直されるべきである。また、わが国の死刑の執行方法が絞首に限定されている事実を考慮すれば、死刑そのものは憲法36条に違反しないとした昭和23年3月12日大法廷判決も見

直されるべきである。

　以上、わが国の死刑が憲法36条に違反するとの「上告趣意書　第1点」の内容を補足した。

　原判決は刑事訴訟法410条1項により破棄されるべきである。

以上

第9章

明治刑死者1184人——官報登載全リスト

　弁護人は、1886（明治19）年10月から1912（明治45）年7月までの官報から死刑執行のデータを抽出し、コンピューターに入力しました。本書ではそのデータから個々の死刑執行について、以下の項目を載せます。

・番号　　　官報にはありませんが、登載順で番号を付けました。
・年／番号　官報にはありませんが、年ごとの登載順で番号を付けました。
・氏名　　　新字体・新仮名遣いで表記しました。
・裁判所　　死刑を宣告した裁判名です。例えば、1・2・3審とも死刑ならば1審裁判所、1審が死刑以外で2・3審が死刑ならば2審裁判所が書かれています。
・執行日　　当時の死刑は、司法大臣の命令が出た後に執行されていました。官報は執行命令が出た日をのせている場合があり、その場合には日付の後に「命」という文字を入れました。これがない場合は、死刑が執行された日付であることを示します。

番号	年/番号		氏名	裁判所	執行日
1	M19	1	保田駒吉	甲府重	09/30命
2	M19	2	杉浦吉副	栃木重	09/30命
3	M19	3	富松正安	千葉重	09/30命
4	M19	4	三浦文治	東京重	09/30命
5	M19	5	小針重雄	東京重	09/30命
6	M19	6	琴田岩松	東京重	09/30命
7	M19	7	田中元次郎	東京重	10/02命
8	M19	8	岡村広吉	大阪重	10/02命
9	M19	9	三山奥右座衛門	長崎重	10/14命
10	M19	10	広治郎平	安濃津重	10/19命
11	M19	11	吉崎喜作	浦和重	10/19命
12	M19	12	寄留関兼蔵	長野重	10/20命
13	M19	13	坂口虎造	和歌山重	11/01命
14	M19	14	坂口福松	和歌山重	11/01命
15	M19	15	渡辺房吉	静岡重	11/02命
16	M19	16	太田治助	東京重	11/02命
17	M19	17	吉岡熊五郎	山口重	11/02命
18	M19	18	吉田文平	水戸重	11/04命
19	M19	19	岡根幸吉	松山重	11/04命
20	M19	20	岡根伊助	松山重	11/04命
21	M19	21	榎並簡治	神戸重	11/06命
22	M19	22	山田景規	大分重	11/13命
23	M19	23	宮田与平	鹿児島重	11/16命
24	M19	24	新垣亀	沖縄県※1	11/29命
25	M19	25	小山内すみ	弘前重	11/29命
26	M19	26	小野長之助	弘前重	11/29命
27	M19	27	大塚藤助	東京重	12/03命

番号	年/番号		氏名	裁判所	執行日
28	M19	28	戸沢信吉	浦和重	12/03命
29	M19	29	浦井権兵衛	浦和重	12/03命
30	M19	30	野村寅松	浦和重	12/03命
31	M19	31	山田嘉平	徳島重	12/15命
32	M19	32	上中元吉	大阪重	12/23命
33	M19	33	増本善吉	東京重	12/24命
34	M19	34	上村房吉	安濃津重	12/24命
35	M20	1	岡田岩右衛門	広島重	01/08命
36	M20	2	青木久吉	高知重	01/08命
37	M20	3	小川直太郎	大阪重	01/08命
38	M20	4	樽井佐太郎	大阪重	01/08命
39	M20	5	塚本豊吉	水戸重	01/10命
40	M20	6	福留祐右衛門	鹿児島重	01/11命
41	M20	7	吉永金左衛門	鹿児島重	01/11命
42	M20	8	川上仁三郎	福岡重	01/14命
43	M20	9	田口亥之吉	水戸重	01/21命
44	M20	10	勝山政吉	水戸重	01/21命
45	M20	11	小島いま	甲府重	01/21命
46	M20	12	小川松蔵	神戸重	01/25命
47	M20	13	長浜村吉	浦和重	01/26命
48	M20	14	中林兼松	松山重	01/26命
49	M20	15	植田勝吾	高知重	01/27命
50	M20	16	西村熊吉	広島重	01/29命
51	M20	17	吉本常松	和歌山重	01/31命
52	M20	18	木田重三郎	長崎重	02/07命
53	M20	19	小川吉五郎	東京重	02/18命
54	M20	20	池田梅次郎	大阪重	02/22命

番号	年/番号		氏名	裁判所	執行日
55	M20	21	宮下仙蔵	松山重	02/25命
56	M20	22	池田貞平	長崎重	03/01命
57	M20	23	木村十作	長崎重	03/01命
58	M20	24	乳深嘉十	長野重	03/04命
59	M20	25	五十嵐文四郎	新潟重	03/05命
60	M20	26	有山福蔵	横浜重	03/10命
61	M20	27	正司国次郎	広島重	03/14命
62	M20	28	高山浜次郎	広島重	03/14命
63	M20	29	中村長十郎	甲府重	03/17命
64	M20	30	杉沢喜右衛門	札幌重	03/17命
65	M20	31	内田壮七郎	札幌重	03/17命
66	M20	32	山田弥平	札幌重	03/17命
67	M20	33	波部長太郎	札幌重	03/17命
68	M20	34	石川斎	仙台重	03/19命
69	M20	35	矢野本栄吉	大阪重	03/25命
70	M20	36	吉村市太郎	大審院	03/29命
71	M20	37	藤原種吉	東京重	04/13命
72	M20	38	中野才次	松山重	04/16命
73	M20	39	白井総七	水戸重	05/07命
74	M20	40	鎌田徳	大阪重	05/19
75	M20	41	古野次郎	大阪重	05/19
76	M20	42	林幸一郎	大阪重	05/21
77	M20	43	加藤太次郎	東京重	05/23
78	M20	44	高木米太郎	水戸重	05/23
79	M20	45	小栗勘右衛門	岐阜重	05/24
80	M20	46	梅村吉兵衛	岐阜重	05/24
81	M20	47	牛窪吉太郎	浦和重	05/30

番号	年/番号		氏名	裁判所	執行日
82	M20	48	宮下亀吉	東京重	05/25
83	M20	49	岡万次郎	京都重	05/31
84	M20	50	大島渚	名古屋重	06/03
85	M20	51	鈴木松五郎	名古屋重	06/03
86	M20	52	江畑清平	大津重	06/15
87	M20	53	阪本友吉	宮崎重	06/14
88	M20	54	村上福次郎	広島重	06/21
89	M20	55	富田勘兵衛	名古屋重	06/29
90	M20	56	新井由松	大津重	06/29
91	M20	57	藤森倉吉	大津重	06/29
92	M20	58	衣袋貞次	山形重	07/01
93	M20	59	清文文四郎	松江重	07/01
94	M20	60	坪井金次郎	東京重	07/12
95	M20	61	岩井梅太郎	神戸重	07/07
96	M20	62	岩下精一	宮崎重	07/04
97	M20	63	為永市右衛門	横浜重	07/26
98	M20	64	近藤栄吾	松山重	08/01
99	M20	65	田中虎次郎	佐賀重	08/02
100	M20	66	福岡源二郎	安濃津重	08/11
101	M20	67	力石フジ	横浜重	08/29
102	M20	68	根本秀吉	横浜重	08/29
103	M20	69	磯崎領蔵	横浜重	08/30
104	M20	70	清水定吉	東京重	09/07
105	M20	71	正岡純良	福岡重	09/02
106	M20	72	竹川助右衛門	水戸重	08/13
107	M20	73	田中虎次郎	佐賀重	08/02
108	M20	74	南垣内庄次郎	和歌山重	09/10

番号	年/番号		氏名	裁判所	執行日
109	M20	75	前島定松	和歌山重	09/10
110	M20	76	宇城松之助	和歌山重	09/10
111	M20	77	伊藤時太郎	広島重	09/27
112	M20	78	赤嶺繁雄	不明	09/13
113	M20	79	中山幸次郎	横浜重	10/24
114	M20	80	塚田歌吉	水戸重	11/05
115	M20	81	田崎泰助	水戸重	11/05
116	M20	82	橋立松五郎	新潟重	10/27
117	M20	83	木村貞勝	松江重	11/01
118	M20	84	山田忠之	熊本重	11/10
119	M20	85	江頭金三郎	佐賀重	11/11
120	M20	86	井辺武左衛門	大阪重	11/16
121	M20	87	江原常次郎	大阪重	11/16
122	M20	88	花尻利吉	大阪重	11/16
123	M20	89	芹田源七	大審院	11/28
124	M20	90	渡辺嘉曾寿	鳥取重	11/24
125	M20	91	新槇善兵衛	浦和重	12/13
126	M20	92	柴山弥市平	弘前重	12/09
127	M20	93	赤木政五郎	岡山重	12/22
128	M20	94	保坂源太郎	福岡重	12/23
129	M20	95	久能源太郎	宇都宮重	12/29
130	M21	1	白鳥金次郎	浦和重	01/14
131	M21	2	沖田ろく	松山重	01/16
132	M21	3	沖田要	松山重	01/16
133	M21	4	有友兵三郎	松山重	01/16
134	M21	5	古田織象	熊本重	01/25
135	M21	6	関勝	大阪重	02/01

番号	年/番号		氏名	裁判所	執行日
136	M21	7	佐藤辰右衛門	山形重	02/06
137	M21	8	大岩権三郎	宇都宮重	02/07
138	M21	9	田中巳之吉	浦和重	02/13
139	M21	10	田中銀治	浦和重	02/13
140	M21	11	田口弥三郎	※2	01/20
141	M21	12	山本為五郎	大阪重	03/07
142	M21	13	長屋吉次郎	富山重	03/10
143	M21	14	福井伊之助	神戸重	03/10
144	M21	15	辻伝四郎	神戸重	03/10
145	M21	16	西藤宗吉	神戸重	03/15
146	M21	17	足立栄太郎	神戸重	03/21
147	M21	18	三上光次郎	神戸重	04/10
148	M21	19	川崎藤蔵	東京重	04/12
149	M21	20	谷はす	神戸重	04/24
150	M21	21	乙丸孝右衛門	富山重	04/23
151	M21	22	畑田五三郎	金沢重	04/25
152	M21	23	榊原助太郎	根室重	04/28
153	M21	24	森田伊三郎	大阪重	05/02
154	M21	25	福島金次郎	浦和重	05/12
155	M21	26	小林増次郎	浦和重	05/12
156	M21	27	小泉竹吉	前橋重	05/14
157	M21	28	増原玉吉	大阪重	05/16
158	M21	29	疇崎槙太郎	岡山重	05/22
159	M21	30	安田源蔵	浦和重	05/21
160	M21	31	中村三次郎	福井重	05/29
161	M21	32	下元正嗣	大阪重	06/06
162	M21	33	古橋鉄次郎	東京重	06/13

番号	年/番号		氏名	裁判所	執行日
163	M21	34	幸寺治平	大阪重	06/16
164	M21	35	坂部吉蔵	千葉重	07/02
165	M21	36	熊野伊作	熊本重	06/29
166	M21	37	大石常五郎	広島重	07/04
167	M21	38	香口林吉	広島重	07/04
168	M21	39	倉田策次郎	宮崎重	06/28
169	M21	40	宮崎繁七	浦和重	07/11
170	M21	41	中川吉之助	東京重	03/29
171	M21	42	伊藤文蔵	千葉重	07/12
172	M21	43	黒田兼太郎	松山重	07/13
173	M21	44	田島祐之助	水戸重	07/26
174	M21	45	河田治平	松山重	08/06
175	M21	46	町田干彦	和歌山重	08/07
176	M21	47	阪田勝平	熊本重	08/08
177	M21	48	中村金作	熊本重	08/08
178	M21	49	鬼頭福太郎	横浜重	08/09
179	M21	50	植村甲子太郎	横浜重	08/09
180	M21	51	黒洞はや	岐阜重	08/16
181	M21	52	松下亀次郎	岐阜重	08/16
182	M21	53	藤井まつ	札幌重	08/25
183	M21	54	桜庭庄三郎	根室重	08/25
184	M21	55	佐藤伊作	根室重	08/25
185	M21	56	後藤伊喜松	大分重	09/06
186	M21	57	犬尾米吉	佐賀重	10/09
187	M21	58	木村兼吉	松山重	10/06
188	M21	59	細谷巳之松	千葉重	10/15
189	M21	60	井上俊平	札幌重	10/01

番号	年/番号		氏名	裁判所	執行日
190	M21	61	中島うめ	大津重	10/27
191	M21	62	三好久吉	松山重	10/22
192	M21	63	松本千吉	松山重	10/30
193	M21	64	新岡とめ	弘前重	11/16
194	M21	65	七原熊一郎	栃木重	11/22
195	M21	66	西口房太郎	安濃津重	11/22
196	M21	67	小堀菊三郎	横浜重	11/30
197	M21	68	篠原源蔵	宇都宮重	12/03
198	M21	69	近藤せん	盛岡重	12/17
199	M21	70	坂井寅次郎	松山重	12/19
200	M21	71	前山久吉	佐賀重	12/19
201	M21	72	山本七兵衛	京都重	12/27
202	M21	73	柏田若助	宮崎重	12/24
203	M22	1	大竹大九郎	熊本重	01/07
204	M22	2	鳥海定右衛門	浦和重	01/07
205	M22	3	高野惣七	福島重	01/16
206	M22	4	高野きん	福島重	01/16
207	M22	5	樋口林之助	福島重	01/19
208	M22	6	樺井達之助	京都重	01/22
209	M22	7	竹下秀治郎	岡山重	01/29
210	M22	8	中川七次郎	富山重	01/23
211	M22	9	中川弥三次郎	富山重	01/07
212	M22	10	友広清四郎	岡山重	02/08
213	M22	11	江藤又三郎	熊本重	02/06
214	M22	12	若杉重太郎	大分重	02/14
215	M22	13	田中頼介	山口重	03/09
216	M22	14	宮崎常八	熊本重	03/11

番号	年/番号		氏名	裁判所	執行日
217	M22	15	金城蒲	沖縄県	03/06
218	M22	16	横山源吉	浦和重	03/21
219	M22	17	鎌田浅次郎	宇都宮重	03/21
220	M22	18	阿部吉五郎	秋田重	03/30
221	M22	19	田中春吉	松江重	04/12
222	M22	20	佐野義一	大阪重	04/15
223	M22	21	吉松寿太郎	大阪重	04/15
224	M22	22	祖父江馬太	高知重	04/24
225	M22	23	近藤彦太郎	福井重	05/02
226	M22	24	口田仁太郎	富山重	05/11
227	M22	25	船曳九一郎	神戸重	05/28
228	M22	26	宮田正眼	安濃津重	05/31
229	M22	27	福地菊松	安濃津重	05/31
230	M22	28	井田保吉	和歌山重	06/12
231	M22	29	加藤七之助	名古屋重	06/13
232	M22	30	喜多勝太郎	大阪重	06/15
233	M22	31	水谷市太郎	熊本重	06/15
234	M22	32	山下利八	静岡重	06/27
235	M22	33	安中さよ	金沢重	06/27
236	M22	34	藤森光蔵	神戸重	07/04
237	M22	35	藤川浜太郎	高知重	07/08
238	M22	36	田中安三郎	福岡重	07/09
239	M22	37	高山佐太郎	神戸重	07/17
240	M22	38	畑山勘治郎	千葉重	07/26
241	M22	39	宗像鹿蔵	熊本重	07/27
242	M22	40	中山豊七	千葉重	08/08
243	M22	41	滝山忠義	京都重	08/09

番号	年/番号		氏名	裁判所	執行日
244	M22	42	滝山忠知	京都重	08/09
245	M22	43	新井久蔵	浦和重	08/08
246	M22	44	加藤大五郎	静岡重	08/12
247	M22	45	高橋和三郎	大阪重	08/24
248	M22	46	丸橋竹次郎	福岡重	08/27
249	M22	47	久野滝弥	福岡重	08/27
250	M22	48	松本ゆき	佐賀重	08/28
251	M22	49	補陀いよ	佐賀重	08/28
252	M22	50	新谷佐八	和歌山重	10/05
253	M22	51	田原秀二郎	水戸重	11/09
254	M22	52	栗田定之助	水戸重	11/09
255	M22	53	川上友平	松山重	12/02
256	M22	54	林勝之助	広島重	12/17
257	M22	55	川戸卯之松	大審院	12/18
258	M22	56	中村千代太郎	熊本重	12/21
259	M22	57	若林喜七	東京重	12/25
260	M23	1	宮下竹治郎	長野重	01/24
261	M23	2	岡本儀平	岡山重	02/12
262	M23	3	西高庄次郎	岡山重	02/12
263	M23	4	川手佐太郎	長野重	03/03
264	M23	5	鈴木金造	前橋重	03/14
265	M23	6	松島直吉	長野重	03/18
266	M23	7	中村吉太郎	水戸重	03/22
267	M23	8	斎藤茂三郎	水戸重	03/22
268	M23	9	増淵直次	水戸重	03/28
269	M23	10	前田善五郎	東京重	04/08
270	M23	11	辻末八	熊本重	05/23

番号	年/番号		氏名	裁判所	執行日
271	M23	12	大滝辰弥	山形重	05/30
272	M23	13	伊藤仙蔵	千葉重	06/02
273	M23	14	須賀幸蔵	千葉重	06/02
274	M23	15	小島梅吉	千葉重	06/02
275	M23	16	中川源八	高知重	06/11
276	M23	17	中川要次	高知重	06/11
277	M23	18	井上伝蔵	熊本重	07/02
278	M23	19	三根新作	長崎重	07/08
279	M23	20	伊藤善寸	安濃津重	07/11
280	M23	21	牛久保房五郎	宇都宮重	07/22
281	M23	22	遠山幸吉	山形重	07/25
282	M23	23	木永虎吉	熊本重	08/06
283	M23	24	中田源次郎	岐阜重	08/08
284	M23	25	小椋豊蔵	福島重	08/09
285	M23	26	伊海まさ	静岡重	09/17
286	M23	27	増田寅雄	福岡重	09/22
287	M23	28	天辰喜之助	鹿児島重	10/02
288	M23	29	桜田惣助	秋田重	10/27
289	M23	30	松下熊楠	和歌山重	11/06
290	M23	31	大塚吉太郎	千葉重	11/07
291	M23	32	桑田七太郎	千葉重	11/07
292	M23	33	大橋小左衛門	岐阜重	12/09
293	M23	34	大橋庄五郎	岐阜重	12/09
294	M23	35	三浦重五郎	大分重	12/18
295	M23	36	田中為則	東京重	12/29
296	M23	37	杉江五十二	東京重	12/29
297	M23	38	佐藤与太郎	安濃津地	12/30

番号	年/番号		氏名	裁判所	執行日
298	M23	39	平原きい	大審院	12/01
299	M23	40	赤木新治	岡山重	12/27
300	M24	1	村上つの	山形地	01/06
301	M24	2	山田市松	和歌山重	01/06
302	M24	3	中西喜代蔵	和歌山重	01/06
303	M24	4	古谷重太郎	浦和地	01/19
304	M24	5	堀田仁太郎	松山重	01/20
305	M24	6	大畠さよ	広島地	02/12
306	M24	7	転法輪真解	大津重	03/05
307	M24	8	大藤源七	大津重	03/05
308	M24	9	増田栄吉	大津重	03/05
309	M24	10	石田忠太郎	宇都宮重	03/03
310	M24	11	早矢仕徳助	岐阜地	03/14
311	M24	12	高知亀作	長野地	03/14
312	M24	13	鈴木林蔵	名古屋地	03/20
313	M24	14	中島新一郎	大津重	03/23
314	M24	15	上田久米太	徳島地	03/16
315	M24	16	中村甚助	鹿児島重	03/24
316	M24	17	海津又一	新潟地	03/25
317	M24	18	奥田鍋吉	大津地	03/31
318	M24	19	田中末吉	大津地	03/31
319	M24	20	若原藤作	岐阜重	04/10
320	M24	21	杉山浅太郎	岐阜重	04/10
321	M24	22	宍戸並次郎	福島地	04/13
322	M24	23	高木末吉	徳島重	04/14
323	M24	24	及川重孝	盛岡重	05/13
324	M24	25	豊島佐助	水戸地	06/19

番号	年/番号		氏名	裁判所	執行日
325	M24	26	片山金平	秋田地	06/24
326	M24	27	安ヶ平長松	盛岡地	07/07
327	M24	28	末吉かの	長崎地	07/08
328	M24	29	古谷いち	浦和地	07/14
329	M24	30	矢崎友次郎	甲府地	07/07
330	M24	31	戸井田栄三郎	松山地	07/14
331	M24	32	清水ユキ	松山地	07/14
332	M24	33	林茂右衛門	京都地	07/16
333	M24	34	窪山卯太郎	福岡地	07/17
334	M24	35	阪口浅吉	神戸地	07/16
335	M24	36	三好直五郎	神戸地	07/16
336	M24	37	滝口重平	甲府地	07/20
337	M24	38	深沢孫七	甲府地	07/20
338	M24	39	松尾藤五郎	長崎控	07/20
339	M24	40	北口竹松	千葉地	07/28
340	M24	41	岡部喜十郎	浦和地	08/03
341	M24	42	小林伊作	長野地	08/04
342	M24	43	三石春吉	長野地	08/04
343	M24	44	猪口半四郎	大阪地	08/04
344	M24	45	菊地喜助	長野地	08/05
345	M24	46	堀籠時太郎	長野地	08/05
346	M24	47	金子浅吉	浦和地	08/14
347	M24	48	平松富三郎	安濃津地	08/18
348	M24	49	津久井すぎ	宇都宮地	08/22
349	M24	50	大貫広吉	宇都宮地	08/24
350	M24	51	石藤伊勢蔵	長崎地	08/27
351	M24	52	淵なせ	長崎控	09/01

番号	年/番号		氏名	裁判所	執行日
352	M24	53	上杉喜十郎	甲府地	09/08
353	M24	54	安村新治郎	奈良地	09/05
354	M24	55	坂部勝蔵	岡山地	10/13
355	M24	56	西園八太郎	鹿児島地	10/15
356	M24	57	田中菊太郎	東京地	10/31
357	M24	58	太田徳三郎	長崎控	10/29
358	M24	59	寺内庄吉	東京控	11/05
359	M24	60	坂本ぎん	東京控	11/05
360	M24	61	谷越槌楠	和歌山地	11/05
361	M24	62	田端新三郎	安濃津地	11/06
362	M24	63	松本勘次	松山地	11/24
363	M24	64	今井光次	松山地	11/24
364	M24	65	藤井平次郎	京都地	12/04
365	M24	66	矢田ユウ	京都地	12/04
366	M24	67	水上仁右衛門	金沢地	12/09
367	M24	68	杉本彦兵衛	名古屋地	12/11
368	M24	69	宮内市太郎	東京地	12/11
369	M24	70	豊島景三郎	東京控	12/29
370	M25	1	藤本小吉	広島地	01/13
371	M25	2	富田勘次郎	東京地	01/14
372	M25	3	松本治之助	高知地	01/16
373	M25	4	大谷村治	高知地	01/16
374	M25	5	三浦鶴松	安濃津地	01/26
375	M25	6	安藤鶴三郎	名古屋地	01/29
376	M25	7	落合鉄吉	宇都宮地	02/02
377	M25	8	高付勘四郎	鹿児島地	02/02
378	M25	9	田中寅次郎	横浜地	02/22

番号	年/番号		氏名	裁判所	執行日
379	M25	10	石川新太郎	京都地	02/24
380	M25	11	島津長次郎	横浜地	03/07
381	M25	12	吉村勝次郎	東京地	03/07
382	M25	13	仲村清五郎	宇都宮地	03/19
383	M25	14	今井仲三郎	岡山地	03/23
384	M25	15	須藤定次郎	安濃津地	04/02
385	M25	16	梅本幸次郎	大阪地	04/11
386	M25	17	上原嘉弥太	長野地	04/14
387	M25	18	黒沢重三郎	長野地	04/14
388	M25	19	宮井荘次郎	高松地	04/19
389	M25	20	鹿山佐平	安濃津地	05/02
390	M25	21	浅野与右衛門	千葉地	05/03
391	M25	22	二宮正保	高知地	05/10
392	M25	23	川田梅蔵	浦和地	05/17
393	M25	24	境十米吉	福岡地	05/20
394	M25	25	兼重清次郎	山口地	05/20
395	M25	26	佐原豊吉	岡山地	05/28
396	M25	27	元谷丈吉	高松地	05/30
397	M25	28	唐太和三郎	高松地	06/07
398	M25	29	高橋徳蔵	高松地	06/07
399	M25	30	吉良為吉	松山地	06/22
400	M25	31	石川敬吉	宮城控	07/06
401	M25	32	藤岡岩吉	山口地	07/13
402	M25	33	丸尾乙市	熊本地	07/26
403	M25	34	村田弥八	長崎控	08/03
404	M25	35	椎本えい	福岡地	08/08
405	M25	36	畑田亀吉	長野地	08/24

番号	年/番号		氏名	裁判所	執行日
406	M25	37	山平庄平	岡山地	08/29
407	M25	38	屋田伝作	大分地	10/11
408	M25	39	高潮朋太郎	長崎地	10/14
409	M25	40	春原金蔵	長崎地	10/31
410	M25	41	竹田民蔵	神戸地	11/02
411	M25	42	志村勝平	浦和地	11/15
412	M25	43	松岡みね	高知地	11/24
413	M25	44	西岡喜太郎	高知地	11/24
414	M25	45	中島福太郎	佐賀地	11/28
415	M25	46	田中宇一	岐阜地	11/30
416	M25	47	佐藤嘉作	長野地	12/02
417	M25	48	福田藤左衛門	長野地	12/02
418	M25	49	杉山永吉	函館控	12/05
419	M25	50	山本大助	東京地	12/15
420	M25	51	大曲伊吉	長崎地	12/13
421	M25	52	伊藤小伝治	宇都宮地	12/28
422	M26	1	神谷清吉	名古屋地	01/09
423	M26	2	中山吾六	広島控	01/21
424	M26	3	永峰作之助	熊本地	01/24
425	M26	4	早川久熊	大阪地	02/12
426	M26	5	森逸太郎	名古屋地	02/16
427	M26	6	青山浅治郎	名古屋地	02/23
428	M26	7	保科鶴次	長野地	02/24
429	M26	8	井出与平治	松山地	03/03
430	M26	9	関本又七	東京地	03/13
431	M26	10	山田実玄	東京控	03/13
432	M26	11	本橋国五郎	横浜地	03/23

番号	年/番号		氏名	裁判所	執行日
433	M26	12	柳橋幾次郎	東京地	03/24
434	M26	13	松本忠松	金沢地	04/12
435	M26	14	阪本つね	長野地	04/18
436	M26	15	塚本久次郎	広島地	04/26
437	M26	16	大森子之吉	水戸地	05/04
438	M26	17	市川宝吉	静岡地	05/10
439	M26	18	戸田善治	宮崎地	05/05
440	M26	19	長谷川宮太郎	岐阜地	05/18
441	M26	20	斎藤勇太郎	京都地	05/20
442	M26	21	山田茂次郎	京都地	05/20
443	M26	22	太田和賀蔵	長野地	05/22
444	M26	23	保田兵助	和歌山地	06/02
445	M26	24	折出多三郎	広島地	06/29
446	M26	25	曽我岩四郎	広島控	07/01
447	M26	26	沖田由松	大阪控	07/04
448	M26	27	榊原初太郎	名古屋地	07/05
449	M26	28	藤原徳三郎	岡山地	07/14
450	M26	29	長島高之助	東京控	07/27
451	M26	30	小島彦作	東京控	08/19
452	M26	31	藤生覚太郎	前橋地	08/19
453	M26	32	白須菊松	大津地	09/09
454	M26	33	野田注連蔵	神戸地	09/15
455	M26	34	伊藤祐吉	長野地	09/20
456	M26	35	宮川次郎吉	長崎控	09/26
457	M26	36	溝部品次郎	長崎控	09/26
458	M26	37	松村文友	福岡地	09/26
459	M26	38	徳岡房次郎	大阪控	11/04

番号	年/番号		氏名	裁判所	執行日
460	M26	39	矢野龍一	東京控	11/04
461	M26	40	高木熊造	高松地	11/04
462	M26	41	堀口竹蔵	名古屋地	11/24
463	M26	42	阪入定之介	水戸地	11/25
464	M26	43	山本嘉市	熊本地	12/09
465	M26	44	桜井倉蔵	前橋地	12/14
466	M26	45	関根泰助	福島地	12/28
467	M27	1	友成清太郎	高知地	01/04
468	M27	2	市川与市	長野地	01/09
469	M27	3	川上磯太郎	岡山地	01/10
470	M27	4	長沢友吉	浦和地	01/15
471	M27	5	清水弥太郎	大津地	02/19
472	M27	6	正木庄三郎	長崎控	02/22
473	M27	7	松永虎吉	熊本地	02/22
474	M27	8	緒方浜五郎	熊本地	02/22
475	M27	9	高橋源次郎	東京控	03/02
476	M27	10	小倉きい	東京控	03/02
477	M27	11	大淵末吉	長崎控	03/03
478	M27	12	鈴木佐和吉	宮城控	04/04
479	M27	13	宮浦弥惣次郎	東京地	04/23
480	M27	14	岩木春太郎	東京地	04/23
481	M27	15	稲本万次郎	東京地	04/23
482	M27	16	増田菊次郎	横浜地	04/23
483	M27	17	原田源蔵	徳島地	04/25
484	M27	18	北村由松	安濃津地	05/12
485	M27	19	土屋吾助	長野地	05/15
486	M27	20	弘末亀太郎	高知地	05/15

番号	年/番号		氏名	裁判所	執行日
487	M27	21	佐藤幸吉	名古屋控	05/17
488	M27	22	伴政登	広島地	05/29
489	M27	23	重岡筐	長崎控	05/28
490	M27	24	永島元三郎	長崎控	05/28
491	M27	25	小林三津弥	前橋地	06/16
492	M27	26	石部伝次郎	根室地	06/16
493	M27	27	高橋春次郎	宮城控	06/25
494	M27	28	首藤末吉	長崎控	06/25
495	M27	29	藤谷善太郎	名古屋控	07/10
496	M27	30	今井辰三郎	松山地	07/14
497	M27	31	天渡安太郎	静岡地	07/19
498	M27	32	藤田栄之助	仙台地	07/12
499	M27	33	柴山かく	名古屋地	07/13
500	M27	34	小倉駒之助	福井地	07/19
501	M27	35	尾崎留吉	奈良地	07/19
502	M27	36	長谷川勘太郎	新潟地	07/21
503	M27	37	秋山嘉門	甲府地	07/26
504	M27	38	岡閏二	横浜地	08/27
505	M27	39	榊原友諒	東京地	09/24
506	M27	40	高橋寅吉	高知地	09/22
507	M27	41	田畠兼松	盛岡地	09/24
508	M27	42	小関与三郎	仙台地	09/26
509	M27	43	田中豊次郎	札幌地	09/24
510	M27	44	伊藤金蔵	松江地	09/24
511	M27	45	前田徳松	和歌山地	09/29
512	M27	46	伊集院市太郎	鹿児島地	09/29
513	M27	47	垣内乙松	安濃津地	10/23

番号	年/番号		氏名	裁判所	執行日
514	M27	48	山本武平	名古屋控	11/08
515	M27	49	土方簑太郎	東京控	11/21
516	M27	50	大川吉太郎	宇都宮地	11/24
517	M27	51	岩雲泰太	大阪控	12/01
518	M27	52	黒木栄三郎	宮崎地	12/24
519	M27	53	八木ふき	松山地	12/29
520	M28	1	伊藤兼吉	千葉地	01/07
521	M28	2	谷口筆次	広島控	01/06
522	M28	3	細本虎次郎	広島控	01/06
523	M28	4	井上なつ	奈良地	01/09
524	M28	5	小南吉松	奈良地	01/09
525	M28	6	堀田定松	名古屋控	01/21
526	M28	7	渡辺盛	山形地	02/06
527	M28	8	米沢久吉	大阪控	02/07
528	M28	9	小林喜三次	広島控	02/13
529	M28	10	朝原惣吉	岡山地	02/18
530	M28	11	掛谷与三郎	岡山地	02/18
531	M28	12	平井六治郎	安濃津地	03/12
532	M28	13	大隈新一	熊本地	03/13
533	M28	14	高辻作次郎	熊本地	03/13
534	M28	15	作村福太郎	長崎控	03/20
535	M28	16	武田竹治	宮城控	03/22
536	M28	17	堀部儀左衛門	岐阜地	03/23
537	M28	18	山川志け	安濃津地	04/02
538	M28	19	森つる	安濃津地	04/02
539	M28	20	中山茂七	長崎控	04/15
540	M28	21	篠原仙吉	東京地	04/20

番号	年/番号		氏名	裁判所	執行日
541	M28	22	吉村やす	東京控	04/20
542	M28	23	野口艶吉	東京控	04/20
543	M28	24	佐々木吉太郎	宮城控	04/27
544	M28	25	浅野いと	横浜地	05/20
545	M28	26	高野庄作	宇都宮地	05/24
546	M28	27	平田松次郎	福岡地	05/22
547	M28	28	柳沢平四郎	名古屋控	06/03
548	M28	29	大西藤松	奈良地	06/15
549	M28	30	山下奈良吉	奈良地	06/15
550	M28	31	桝田長右衛門	長崎地	06/14
551	M28	32	阿部忠四郎	福島地	06/18
552	M28	33	鯨井千代太郎	浦和地	06/24
553	M28	34	和田勝太郎	浦和地	06/24
554	M28	35	小沢慶之助	名古屋控	07/05
555	M28	36	滝口藤三郎	名古屋控	07/05
556	M28	37	野村源蔵	名古屋控	07/05
557	M28	38	横山長吾	福島地	07/06
558	M28	39	山本甚太郎	高知地	07/16
559	M28	40	水野国吉	前橋地	07/20
560	M28	41	原島八次郎	甲府地	07/19
561	M28	42	今井ふじ	東京控	08/05
562	M28	43	横矢あさ	東京控	08/05
563	M28	44	松浦庄平	徳島地	08/12
564	M28	45	松浦森之助	徳島地	08/12
565	M28	46	古川タツ	福島地	08/13
566	M28	47	楠木五郎	鹿児島地	08/27
567	M28	48	高木徳次郎	東京地	09/05

番号	年/番号		氏名	裁判所	執行日
568	M28	49	松浦新兵衛	東京地	09/05
569	M28	50	山本貞次郎	安濃津地	09/10
570	M28	51	古川藤太郎	松江地	09/11
571	M28	52	箭内丈吉	福島地	09/17
572	M28	53	和泉恒太郎	大阪地	09/25
573	M28	54	岡村源吉	安濃津地	09/27
574	M28	55	佐々木佐太郎	名古屋地	10/01
575	M28	56	藤田長平	長崎地	10/01
576	M28	57	千葉健治	仙台地	10/05
577	M28	58	能智八太郎	松山地	10/30
578	M28	59	高山芳五郎	山口地	11/18
579	M28	60	大呑新三郎	山口地	11/18
580	M28	61	岡本民造	広島控	11/30
581	M28	62	樺沢くの	東京控	12/05
582	M28	63	岩田伊十郎	東京控	12/05
583	M28	64	西尾政吉	東京地	12/11
584	M28	65	柴崎倉之助	仙台地	12/18
585	M28	66	千葉庄治郎	仙台地	12/18
586	M28	67	那須兵右衛門	長崎控	12/18
587	M28	68	重田忠太郎	松江地	12/18
588	M28	69	三崎甚之丞	大津地	12/24
589	M28	70	桜井馬太郎	大分地	12/24
590	M28	71	津田正利	高知地	12/25
591	M28	72	外谷千作	長野地	12/29
592	M28	73	町田久作	長野地	12/29
593	M29	1	桑原きくえ	安濃津地	01/16
594	M29	2	川瀬音治良	安濃津地	01/16

番号	年/番号		氏名	裁判所	執行日
595	M29	3	田中仁蔵	広島控	01/17
596	M29	4	安藤新兵衛	横浜地	01/17
597	M29	5	星野清次郎	前橋地	02/01
598	M29	6	赤川与作	東京控	02/01
599	M29	7	長谷川玉吉	新潟地	02/07
600	M29	8	桑原喜蔵	新潟地	02/07
601	M29	9	笠原正三郎	新潟地	02/07
602	M29	10	染井一郎	東京控	02/10
603	M29	11	折原寅之助	東京控	02/13
604	M29	12	田中久蔵	鳥取地	02/22
605	M29	13	戸谷勝治	長野地	02/23
606	M29	14	松本孫太	長野地	02/23
607	M29	15	安藤三太郎	横浜地	03/02
608	M29	16	平原嘉藤治	新潟地	03/10
609	M29	17	沢田幸吉	大阪控	03/16
610	M29	18	佐藤三吉	横浜地	03/25
611	M29	19	成井柳造	横浜地	03/25
612	M29	20	一瀬利作	長崎控	03/24
613	M29	21	小池春五郎	山口地	04/06
614	M29	22	林常吉	根室地	04/10
615	M29	23	真砂善左衛門	岡山地	04/14
616	M29	24	竹森林蔵	岡山地	04/14
617	M29	25	森伝次郎	名古屋控	04/22
618	M29	26	和田権太郎	広島控	05/11
619	M29	27	横山菊松	福島地	05/12
620	M29	28	松井松之助	東京控	05/19
621	M29	29	佐々木石五郎	札幌地	05/20

番号	年/番号		氏名	裁判所	執行日
622	M29	30	渡辺六助	千葉地	05/25
623	M29	31	松田春吉	盛岡地	05/25
624	M29	32	三上留蔵	盛岡地	05/25
625	M29	33	佐藤伊勢	盛岡地	05/25
626	M29	34	小野寺千八	盛岡地	05/25
627	M29	35	早川六治郎	新潟地	05/29
628	M29	36	菊池仁作	水戸地	06/06
629	M29	37	河津善吾	大分地	06/16
630	M29	38	山中彦助	東京控	06/22
631	M29	39	吉田辰之助	東京控	06/22
632	M29	40	中山幸太郎	水戸地	06/22
633	M29	41	伊藤熊太郎	大分地	06/23
634	M29	42	高坂仙之助	東京地	07/06
635	M29	43	山谷政吉	新潟地	07/18
636	M29	44	山谷よき	新潟地	07/18
637	M29	45	斉藤新吾	新潟地	07/15
638	M29	46	正司又五郎	千葉地	07/24
639	M29	47	強矢繁吉	東京控	08/05
640	M29	48	辻嘉一郎	大阪控	08/05
641	M29	49	福田寅吉	高知地	08/07
642	M29	50	宗形金五郎	福島地	08/14
643	M29	51	山田伊勢松	長崎控	08/17
644	M29	52	木村熊市	長崎控	08/17
645	M29	53	鈴木りと	名古屋地	08/29
646	M29	54	伊藤三次郎	名古屋控	09/01
647	M29	55	斎藤甚吉	根室地	09/03
648	M29	56	伊藤喜蔵	山形地	09/09

番号	年/番号		氏名	裁判所	執行日
649	M29	57	柴山繁蔵	大分地	09/17
650	M29	58	寺口甚助	名古屋地	09/18
651	M29	59	大倉卯之助	京都地	09/19
652	M29	60	平井岩之助	京都地	09/19
653	M29	61	上松角次郎	東京地	10/06
654	M29	62	大竹文吉	東京控	10/13
655	M29	63	芳野周作	名古屋控	10/26
656	M29	64	川上伝治郎	東京控	11/09
657	M29	65	須田仙蔵	千葉地	11/09
658	M29	66	須田磯松	千葉地	11/09
659	M29	67	笹井亀吉	大阪地	11/27
660	M29	68	笹井喜久松	大阪地	11/27
661	M29	69	桜場梅太郎	福岡地	12/08
662	M29	70	田中むめ	広島控	12/14
663	M29	71	大内勘次郎	東京控	12/25
664	M29	72	篠原格郎	東京控	12/29
665	M29	73	原島百太郎	東京控	12/26
666	M30	1	大西柳吉	松山地	06/08
667	M30	2	畑原米作	長崎地	07/16
668	M30	3	峰山多け	長崎地	07/16
669	M30	4	岡本角蔵	徳島地	07/30
670	M30	5	新井清三郎	前橋地	08/30
671	M30	6	滝上なつ	前橋地	08/30
672	M30	7	面田太平	東京控	09/02
673	M30	8	水沼多利治	仙台地	09/10
674	M30	9	木村はる	大阪控	09/24
675	M30	10	岩瀬籐吉	名古屋地	10/09

番号	年/番号		氏名	裁判所	執行日
676	M30	11	西野勝太郎	長野地	10/20
677	M30	12	福留儀太郎	高知地	11/08
678	M30	13	吉田喜代蔵	函館控	11/24
679	M30	14	久保常蔵	広島控	11/30
680	M30	15	中島栄吉	東京地	12/02
681	M30	16	大石文吉	長崎地	12/04
682	M30	17	平野作十	熊本地	12/16
683	M30	18	横山幾太郎	長崎地	12/17
684	M30	19	駒田音松	名古屋控	12/23
685	M30	20	斎藤豊彦	東京控	12/28
686	M31	1	丹野丙四郎	札幌地	01/26
687	M31	2	佐々木武雄	札幌地	01/26
688	M31	3	斎藤捨吉	安濃津地	02/03
689	M31	4	川口才次郎	安濃津地	02/03
690	M31	5	宮崎安太郎	神戸地	02/04
691	M31	6	塩沢安太郎	長野地	03/11
692	M31	7	岩田きと	名古屋控	03/12
693	M31	8	永井やすの	広島控	03/28
694	M31	9	大谷鹿次	広島控	03/28
695	M31	10	樫木奈良菊	奈良地	04/01
696	M31	11	兵頭虎治	松山地	04/18
697	M31	12	佐藤寅三郎	福島地	04/19
698	M31	13	増井げん	静岡地	04/28
699	M31	14	市川富士造	宇都宮地	04/29
700	M31	15	原田祐光	大阪控	06/04
701	M31	16	西島常蔵	大阪地	06/06
702	M31	17	高見勇吉	大阪地	06/06

番号	年/番号		氏名	裁判所	執行日
703	M31	18	田中藤右衛門	広島控	06/08
704	M31	19	轟広蔵	大阪控	06/15
705	M31	20	近藤友吉	新潟地	06/25
706	M31	21	佐野庄太郎	大阪地	07/04
707	M31	22	相良寅作	京都地	07/04
708	M31	23	石井吉五郎	千葉地	08/13
709	M31	24	吉田勝馬	広島控	09/20
710	M31	25	大富留吉	奈良地	09/20
711	M31	26	吉野清治郎	札幌地	09/21
712	M31	27	山本充太郎	東京控	09/26
713	M31	28	宮崎太平	京都地	10/01
714	M31	29	大橋富士雄	名古屋控	10/15
715	M31	30	鈴木米治	根室地	10/20
716	M31	31	平野米蔵	大阪地	11/04
717	M31	32	宝来袈裟吉	鹿児島地	11/04
718	M31	33	金子民蔵	横浜地	11/08
719	M31	34	荘司熊五郎	函館控	12/07
720	M31	35	鈴木いの	静岡地	12/22
721	M31	36	小林幸吉	浦和地	12/22
722	M31	37	高橋一二	函館地	12/21
723	M31	38	山口善三郎	京都地	12/26
724	M31	39	佐々木柾吉	新潟地	12/27
725	M32	1	福山栄吉	長野地	02/06
726	M32	2	大友米三郎	仙台地	02/13
727	M32	3	高橋吉三郎	仙台地	02/13
728	M32	4	船橋清兵衛	根室地	02/24
729	M32	5	吉井良吉	東京地	03/25

番号	年/番号		氏名	裁判所	執行日
730	M32	6	酒巻屋寿	東京控	03/29
731	M32	7	張替貞次	宮城控	04/04
732	M32	8	小町谷義太郎	札幌地	04/14
733	M32	9	大貫平造	横浜地	04/29
734	M32	10	菊池まつ	水戸地	05/18
735	M32	11	江藤捨五郎	佐賀地	05/20
736	M32	12	川原慶八	熊本地	05/29
737	M32	13	伊藤捨三郎	長野地	05/31
738	M32	14	駒村喜市	長野地	05/31
739	M32	15	岡田国蔵	東京控	07/04
740	M32	16	近藤貞三郎	東京控	07/04
741	M32	17	伊藤巳之吉	札幌地	07/04
742	M32	18	佐藤藤蔵	山形地	07/15
743	M32	19	椿本政吉	奈良地	08/16
744	M32	20	平崎三松	大阪控	08/12
745	M32	21	上坂孫次郎	広島地	08/16
746	M32	22	岡田亀三郎	大阪控	08/18
747	M32	23	倉田松蔵	前橋地	08/26
748	M32	24	藤村仁三郎	山口地	09/22
749	M32	25	須賀野久吉	山口地	10/08
750	M32	26	岩永元吉	大阪控	10/30
751	M32	27	中島多次郎	大阪控	10/30
752	M32	28	鈴木定次郎	神戸地	11/08
753	M32	29	大西伊勢造	高松地	11/14
754	M32	30	藤北安次郎	大阪控	11/22
755	M32	31	古屋敷権四郎	鹿児島地	11/24
756	M32	32	河合甚三郎	名古屋控	11/24

番号	年/番号		氏名	裁判所	執行日
757	M32	33	中岸重次郎	京都地	12/26
758	M33	1	ロバートミラー	東京控	01/16
759	M33	2	堀内倉太郎	松山地	01/29
760	M33	3	黒田健次郎	東京地	02/17
761	M33	4	遠藤嘉之吉	宮城控	02/17
762	M33	5	佐藤岩松	宮城控	02/17
763	M33	6	坂本啓次郎	東京控	02/17
764	M33	7	小林多利吉	宮城控	02/22
765	M33	8	林近蔵	佐賀地	02/24
766	M33	9	押田増太郎	千葉地	03/02
767	M33	10	宮崎芳吾	大阪控	03/09
768	M33	11	丸山治吉	大阪控	03/28
769	M33	12	杉岡元平	東京控	03/31
770	M33	13	今井鶴太	東京控	05/29
771	M33	14	竹内せき	東京控	05/29
772	M33	15	島本銀三郎	広島控	06/02
773	M33	16	郡千太郎	山口地	06/02
774	M33	17	青木留吉	宮城控	06/08
775	M33	18	倉地松次郎	名古屋地	06/09
776	M33	19	佐々木清四郎	山口地	06/09
777	M33	20	楠目栄吾	大阪控	06/16
778	M33	21	池谷龍蔵	東京控	06/20
779	M33	22	雨森米太郎	大阪控	06/22
780	M33	23	小池次郎吉	静岡地	06/27
781	M33	24	高橋利平	東京控	06/27
782	M33	25	飯塚高太郎	東京控	06/27
783	M33	26	狩野竹松	東京控	06/27

番号	年/番号		氏名	裁判所	執行日
784	M33	27	露木権右衛門	横浜地	07/05
785	M33	28	柳沢善次郎	東京控	07/12
786	M33	29	東谷嘉助	広島控	09/15
787	M33	30	横川浅吉	大阪控	10/03
788	M33	31	長尾六郎	大阪控	10/15
789	M33	32	八木鶴吉	大阪控	10/15
790	M33	33	広瀬俊太郎	前橋地	11/08
791	M33	34	斎藤栄次郎	大阪控	12/19
792	M34	1	福原久吉	千葉地	01/12
793	M34	2	佐藤幾次郎	千葉地	01/12
794	M34	3	池田寅八	熊本地	01/22
795	M34	4	薬師寺鹿太郎	長崎控	01/22
796	M34	5	児島好五郎	長崎地	01/26
797	M34	6	山村徳太郎	熊本地	02/01
798	M34	7	鎌倉安太郎	大阪控	02/12
799	M34	8	竹中捨吉	岐阜地	02/23
800	M34	9	石岡初五郎	広島控	03/07
801	M34	10	富永石五郎	広島控	03/07
802	M34	11	太田近吉	仙台地	03/08
803	M34	12	藤沼鶴吉	仙台地	04/02
804	M34	13	守屋正太郎	岡山地	03/30
805	M34	14	岡本平吉	岡山地	04/17
806	M34	15	岡田金次郎	名古屋控	04/18
807	M34	16	立川幸吉	宮城控	04/22
808	M34	17	川瀬恭作	大阪控	05/17
809	M34	18	大門長之助	函館控	06/21
810	M34	19	出家忠左衛門	広島地	07/02

番号	年/番号		氏名	裁判所	執行日
811	M34	20	松永扇次	岐阜地	09/02
812	M34	21	田中佐忠	徳島地	09/30
813	M34	22	川口禎治	徳島地	09/30
814	M34	23	角屋熊太郎	宮城控	10/07
815	M34	24	好中虎治郎	広島控	10/08
816	M34	25	末広秀太郎	広島控	10/08
817	M34	26	田村弥太郎	山形地	11/13
818	M34	27	阿部米治	宮城控	11/22
819	M34	28	川口富五郎	大阪控	11/25
820	M34	29	佐伯彦馬	長崎控	11/25
821	M35	1	松本その	東京控	01/18
822	M35	2	滑川福松	東京地	01/18
823	M35	3	傍島次郎吉	東京控	03/12
824	M35	4	中村萩之助	大阪控	03/17
825	M35	5	山崎八助	広島控	04/18
826	M35	6	武市弁次郎	札幌地	05/01
827	M35	7	友沢福市	松山地	05/06
828	M35	8	松本政治	神戸地	05/10
829	M35	9	等々力音三郎	東京控	05/21
830	M35	10	砂田雛吉	広島控	05/29
831	M35	11	二神留吉	広島控	07/07
832	M35	12	井神本次	大阪控	07/09
833	M35	13	長谷川藤次郎	広島控	07/16
834	M35	14	白石元良	広島控	07/30
835	M35	15	片倉重吉	宮城控	09/25
836	M35	16	羽生千代治	宮城控	10/06
837	M35	17	吉田兼松	宮城控	10/06

番号	年/番号		氏名	裁判所	執行日
838	M35	18	内田市之助	東京控	10/10
839	M35	19	沢村幾太郎	長崎地	10/11
840	M35	20	近藤鉄五郎	水戸地	10/15
841	M35	21	安藤国太郎	長崎控	10/14
842	M35	22	石岡辰太郎	宇都宮地	10/21
843	M35	23	樋口軍太郎	長崎控	10/22
844	M35	24	市毛卯之次郎	宮城控	10/24
845	M35	25	丹羽末三郎	名古屋地	11/04
846	M35	26	国好末次郎	広島地	11/07
847	M35	27	吉沼栄次郎※3	東京控	12/05
848	M35	28	須藤勝次郎	大阪控	12/19
849	M35	29	榊原末吉	東京控	12/24
850	M36	1	芳越忠吉	東京地	01/07
851	M36	2	五月女松太郎	東京地	01/07
852	M36	3	田中楢治郎	大阪地	02/02
853	M36	4	柴田鶴松	東京控	02/04
854	M36	5	松田常治	広島控	02/23
855	M36	6	須藤教兆	東京控	03/07
856	M36	7	大坪与市	鹿児島地	03/14
857	M36	8	塚田セキ	水戸地	03/16
858	M36	9	田中豊治	水戸地	03/16
859	M36	10	小林○之助※4	長野地	03/16
860	M36	11	柳原金助	宮城控	03/16
861	M36	12	江原龍一郎	東京控	03/21
862	M36	13	近藤勝次郎	名古屋地	03/26
863	M36	14	山本栄	名古屋地	04/11
864	M36	15	小原元吉	宮城控	05/18

番号	年/番号		氏名	裁判所	執行日
865	M36	16	竹中豊吉	大阪控	05/18
866	M36	17	石井弥吉	東京控	05/26
867	M36	18	井上仙之助	東京控	05/26
868	M36	19	石井澄蔵	東京控	05/26
869	M36	20	山下直助	佐賀地	06/01
870	M36	21	吉田かね	水戸地	06/09
871	M36	22	庄司三蔵	宮城控	06/20
872	M36	23	阿部フサ	宮城控	06/20
873	M36	24	原田勝次	水戸地	06/24
874	M36	25	山本嘉十郎	和歌山地	06/29
875	M36	26	加藤清吉	函館地	07/01
876	M36	27	仲山文治郎	水戸地	07/04
877	M36	28	杉本源一郎	甲府地	07/07
878	M36	29	西窪幾太郎	大阪控	07/14
879	M36	30	原島源太郎	東京控	09/28
880	M36	31	福永徳一	広島地	10/13
881	M36	32	森本音次郎	鹿児島地	10/28
882	M36	33	井上卯吉	宮城控	11/02
883	M36	34	小山虎吉	神戸地	11/14
884	M36	35	村田音吉	大阪地	11/21
885	M36	36	粟下鹿蔵	山口地	12/16
886	M36	37	前原増太郎	山口地	12/16
887	M36	38	桝谷三平	広島控	12/17
888	M36	39	中上悦二	広島控	12/17
889	M37	1	黒田惣平	大阪地	01/18
890	M37	2	沼野彦太郎	東京控	01/22
891	M37	3	増子卯之四郎	福島地	01/25

番号	年/番号		氏名	裁判所	執行日
892	M37	4	角田伊蔵	大阪控	02/12
893	M37	5	矢野川常次	長崎地	02/29
894	M37	6	遠藤米一	東京控	03/05
895	M37	7	深野国五郎	東京控	03/08
896	M37	8	竹原休内	長崎控	03/07
897	M37	9	飯島仙四郎	東京控	03/22
898	M37	10	益子源治郎	東京控	03/25
899	M37	11	倉持栄吉	東京控	04/09
900	M37	12	青鹿佐四郎	東京控	04/09
901	M37	13	川合駒次郎	広島地	04/25
902	M37	14	坪井伝松	名古屋地	05/02
903	M37	15	高橋友吉	東京控	05/03
904	M37	16	田口直司	札幌地	05/03
905	M37	17	山本徳太郎	宮城控	06/03
906	M37	18	北林徳松	宮城控	06/03
907	M37	19	石渡彦次郎	横浜地	06/06
908	M37	20	河野才蔵	徳島地	06/13
909	M37	21	川添石蔵	安濃津地	06/21
910	M37	22	小林長太郎	長崎地	06/23
911	M37	23	安田忠三郎	宮城控	07/02
912	M37	24	阿部正蔵	宮城控	07/12
913	M37	25	久保鶴太郎	東京控	07/30
914	M37	26	鳥居亀吉	千葉地	08/12
915	M37	27	川則重	東京控	08/20
916	M37	28	関恒夫	東京控	08/24
917	M37	29	新地仁四郎	鹿児島地	08/23
918	M37	30	永田市太郎	佐賀地	08/24

番号	年/番号		氏名	裁判所	執行日
919	M37	31	吉野平造	前橋地	09/08
920	M37	32	片田義角	東京控	09/16
921	M37	33	大宮松之助	千葉地	09/16
922	M37	34	田中政次	大阪控	09/26
923	M37	35	矢神赤蔵	宮城控	10/03
924	M37	36	田岡己之	宮城控	10/03
925	M37	37	西条浅次郎	東京控	10/19
926	M37	38	横田小八	函館控	11/01
927	M37	39	高林常太郎	福島地	11/12
928	M37	40	土屋仁作	福島地	11/12
929	M37	41	杉山銀次郎	静岡地	12/19
930	M37	42	杉山つる	静岡地	12/19
931	M37	43	大麻虎吉	函館控	12/20
932	M37	44	岡本儀三郎	岡山地	12/24
933	M37	45	早谷松太郎	大分地	12/24
934	M38	1	岡田徳三郎	松江地	01/23
935	M38	2	須藤亀三郎	水戸地	02/15
936	M38	3	三枝とめ	東京控	03/04
937	M38	4	唐沢富二	前橋地	03/06
938	M38	5	竹村善之助	大阪地	03/08
939	M38	6	宮田竹吾郎	高知地	03/10
940	M38	7	増井安太郎	高知地	03/10
941	M38	8	三上融三郎	東京控	03/11
942	M38	9	植松豊平	東京控	03/11
943	M38	10	吉川卯太郎	長崎控	03/13
944	M38	11	仲熊太郎	安濃津地	03/14
945	M38	12	山本万之助	安濃津地	03/14

番号	年/番号		氏名	裁判所	執行日
946	M38	13	穴沢伝治	函館控	03/14
947	M38	14	竹中佐一郎	根室地	03/14
948	M38	15	佐藤倉吉	秋田地	03/15
949	M38	16	松下徳次郎	長崎地	03/16
950	M38	17	小野寺友治	宮城控	03/22
951	M38	18	服部金蔵	名古屋地	03/22
952	M38	19	新宅小三郎	広島地	03/22
953	M38	20	新宅小太郎	広島地	03/22
954	M38	21	浅川義太郎	前橋地	03/25
955	M38	22	杉田清吉	甲府地	04/18
956	M38	23	河野耕三	大阪控	04/25
957	M38	24	黒田徳三郎	名古屋地	05/12
958	M38	25	石原由太郎	名古屋控	05/12
959	M38	26	福島三代太郎	松江地	06/14
960	M38	27	岩田秀三	松江地	06/14
961	M38	28	新宮寅造	奈良地	06/19
962	M38	29	細田力三	浦和地	08/04
963	M38	30	小倉和吉	大阪控	08/05
964	M38	31	大寺ヌイ	大阪控	08/23
965	M38	32	三浦儀	高松地	09/25
966	M38	33	香川徳松	大津地	10/03
967	M38	34	宮内幹太郎	千葉地	10/14
968	M38	35	大和ハル	山口地	10/30
969	M38	36	井上辰一	佐賀地	11/13
970	M39	1	寒竹力松	福岡地	01/29
971	M39	2	松山幸次郎	大審院	01/29
972	M39	3	真田松次郎	安濃津地	01/31

番号	年/番号		氏名	裁判所	執行日
973	M39	4	松岡政吉	宮城控	03/17
974	M39	5	森竹	松山地	04/04
975	M39	6	松岡速成	大阪控	05/05
976	M39	7	越後新助	青森地	05/07
977	M39	8	石毛常太郎	宮城控	04/18
978	M39	9	石毛牛十郎	宮城控	04/18
979	M39	10	香椎伊三治	長崎控	08/12
980	M39	11	吉川角太郎	長崎控	09/15
981	M39	12	根岸斐太郎	浦和地	09/26
982	M39	13	清水弥三次郎	東京控	09/26
983	M39	14	須藤長作	東京控	10/06
984	M39	15	山口清三郎	大阪控	10/15
985	M39	16	小椋広吉	宮城控	10/20
986	M39	17	渡辺惣吉	広島控	11/21
987	M39	18	池本与作	山口地	12/03
988	M39	19	矢野吉助	広島地	12/24
989	M40	1	中川万次郎	大阪控	02/01
990	M40	2	奥村伊勢松	長崎控	02/02
991	M40	3	国吉龍太郎	岡山地	03/23
992	M40	4	柏坂幸四郎	岡山地	03/23
993	M40	5	矢野袈裟松	大分地	04/22
994	M40	6	阿部四郎	広島控	06/03
995	M40	7	津田常治	京都地	06/10
996	M40	8	楠木岩助	大阪地	06/20
997	M40	9	黒田安太郎	神戸地	07/10
998	M40	10	小泉栄三郎	大阪控	10/22
999	M40	11	岩田岩吉	神戸地	11/22

番号	年/番号		氏名	裁判所	執行日
1000	M40	12	山脇清次	神戸地	12/21
1001	M41	1	佐藤学治	仙台地	01/25
1002	M41	2	佐藤卯吉	仙台地	03/11
1003	M41	3	高野キク	福島地	04/11
1004	M41	4	目黒末三郎	福島地	04/11
1005	M41	5	込山林三	甲府地	05/12
1006	M41	6	神谷勇松	札幌地	05/15
1007	M41	7	坂本善作	札幌地	05/16
1008	M41	8	山村富太郎	長崎地	05/17
1009	M41	9	藤田久蔵	札幌地	05/20
1010	M41	10	田畑忠市	大阪控	05/26
1011	M41	11	箕形イチ	大阪地	05/26
1012	M41	12	川原あきの	大阪地	05/26
1013	M41	13	東文雄	長崎地	05/26
1014	M41	14	佐藤為蔵	大分地	05/27
1015	M41	15	根本茂平	水戸地	05/30
1016	M41	16	石田菊次郎	広島地	05/29
1017	M41	17	藤井正太郎	広島控	05/29
1018	M41	18	有吉義良	福岡地	06/01
1019	M41	19	石附宇吉	長崎地	06/03
1020	M41	20	高野亀弥	高知地	06/09
1021	M41	21	豊永省馬	高知地	06/09
1022	M41	22	清藤幸太郎	盛岡地	06/12
1023	M41	23	黒川已之吉	熊本地	06/13
1024	M41	24	中村才一郎	熊本地	06/13
1025	M41	25	馬場勝太郎	東京控	06/18
1026	M41	26	山中定吉	松山地	06/24

番号	年/番号		氏名	裁判所	執行日
1027	M41	27	三浦知足	広島控	06/24
1028	M41	28	佐藤勘次郎	青森地	06/27
1029	M41	29	仲西治郎吉	松山地	07/01
1030	M41	30	松田松治郎	山口地	07/01
1031	M41	31	武林男三郎	東京控	07/02
1032	M41	32	加瀬利八	東京控	07/02
1033	M41	33	鈴木芳太郎	水戸地	08/04
1034	M41	34	松田広吉	名古屋地	08/06
1035	M41	35	森喜作	名古屋地	08/22
1036	M41	36	池田亀五郎	松山地	08/24
1037	M41	37	小石佐太郎	高松地	08/24
1038	M41	38	中井巳之助	和歌山地	08/25
1039	M41	39	金在同	長崎地	08/26
1040	M41	40	増田早吉	福岡地	08/29
1041	M41	41	伊藤熊次	大阪控	09/07
1042	M41	42	筒井直馬	大阪控	09/07
1043	M41	43	川村幸治郎	東京控	09/09
1044	M41	44	服部光治郎	東京控	09/09
1045	M41	45	沼崎沢次郎	水戸地	09/18
1046	M41	46	岩崎林之助	大阪控	10/15
1047	M41	47	岡田竹蔵	長崎地	12/18
1048	M41	48	浅見幸助	浦和地	12/22
1049	M41	49	稲増藤内	大阪控	12/21
1050	M41	50	二家本謙助	山口地	12/26
1051	M41	51	河村政右衛門	山口地	12/26
1052	M42	1	田中常吉	長崎控	01/22
1053	M42	2	中村直吉	長崎控	01/22

番号	年/番号		氏名	裁判所	執行日
1054	M42	3	山北幸七	札幌地	04/17
1055	M42	4	西山辰弥	山形地	04/20
1056	M42	5	村越るな	東京控	04/23
1057	M42	6	村越佳治	東京控	04/23
1058	M42	7	大久保時三郎	東京控	04/23
1059	M42	8	田尻卯八	長崎控	05/29
1060	M42	9	前田金太郎	高知地	06/23
1061	M42	10	深谷亥之吉	東京控	07/01
1062	M42	11	長尾作次郎	函館控	07/05
1063	M42	12	安井喜三郎	広島控	08/21
1064	M42	13	新谷東一	広島控	08/21
1065	M42	14	松岡庄太郎	大阪控	09/30
1066	M42	15	加田徳太郎	大阪控	09/30
1067	M42	16	鶴田才蔵	熊本地	10/04
1068	M42	17	千葉秀治郎	仙台地	10/07
1069	M42	18	山口虎彦	広島控	10/18
1070	M43	1	浅井茂三郎	大阪控	01/21
1071	M43	2	石崎善吉	東京控	02/02
1072	M43	3	小滝恵比之助	東京控	02/03
1073	M43	4	岩本初三郎	宇都宮地	02/15
1074	M43	5	岸畑岸太郎	札幌地	02/21
1075	M43	6	岸畑金治	札幌地	02/21
1076	M43	7	扇原惣太郎	札幌地	02/21
1077	M43	8	稲津晋	名古屋地	04/22
1078	M43	9	俵正助	広島地	04/25
1079	M43	10	石井杢治郎	岡山地	04/03
1080	M43	11	新里徳松	長崎控	05/09

番号	年/番号		氏名	裁判所	執行日
1081	M43	12	平良金夫	長崎控	05/09
1082	M43	13	室志加那	長崎控	05/09
1083	M43	14	神後樽	長崎控	05/09
1084	M43	15	清沢穀太郎	東京控	06/21
1085	M43	16	岡久吉	神戸地	07/02
1086	M43	17	樋口忠次	東京控	07/07
1087	M43	18	畑石蔵	東京控	07/07
1088	M43	19	林治兵衛	名古屋控	07/09
1089	M43	20	瀬川新太郎	大阪地	07/26
1090	M43	21	加藤鈴太郎	福岡地	07/26
1091	M43	22	石本秀治	長崎控	07/26
1092	M43	23	東繁治良	大阪地	08/09
1093	M43	24	鳥居嘉吉	千葉地	08/16
1094	M43	25	加藤伝蔵	東京控	08/30
1095	M43	26	山岡大三郎	鳥取地	09/07
1096	M43	27	戸崎甚作	東京地	10/05
1097	M43	28	小野山恭輔	大阪地	10/15
1098	M43	29	浅井楠吉	大阪地	10/25
1099	M43	30	本間本光	函館控	11/14
1100	M43	31	平田徳太	長崎控	11/30
1101	M43	32	三好仙吉	岡山地	12/10
1102	M43	33	与那原武佐	那覇地	12/12
1103	M43	34	矢口栄助	水戸地	12/16
1104	M43	35	矢口為三郎	東京控	12/13
1105	M43	36	横張作次	東京控	12/13
1106	M43	37	岡戸房太郎	浦和地	12/20
1107	M43	38	古川英助	高松地	12/29

番号	年/番号		氏名	裁判所	執行日
1108	M43	39	鈴木金太郎	宮城控	12/29
1109	M44	1	幸徳伝次郎	大審院	01/24
1110	M44	2	管野スガ	大審院	01/25
1111	M44	3	森近運平	大審院	01/24
1112	M44	4	宮下太吉	大審院	01/24
1113	M44	5	新村忠雄	大審院	01/24
1114	M44	6	古河力作	大審院	01/24
1115	M44	7	奥宮健之	大審院	01/24
1116	M44	8	大石誠之助	大審院	01/24
1117	M44	9	成石平四郎	大審院	01/24
1118	M44	10	松尾卯一太	大審院	01/24
1119	M44	11	新美卯一郎	大審院	01/24
1120	M44	12	内山愚童	大審院	01/24
1121	M44	13	井上清吉	札幌地	03/08
1122	M44	14	天野粂次郎	名古屋控	03/09
1123	M44	15	猪飼寅之助	大阪控	03/20
1124	M44	16	助川政次郎	東京控	04/08
1125	M44	17	鈴木重次郎	東京控	04/08
1126	M44	18	竹内徳蔵	東京控	04/12
1127	M44	19	後藤長吉	仙台地	04/10
1128	M44	20	浜田耕造	長崎控	04/17
1129	M44	21	出納武一	大阪控	05/09
1130	M44	22	島米次郎	浦和地	06/12
1131	M44	23	平野吉太郎	千葉地	06/12
1132	M44	24	三神明本	東京控	06/12
1133	M44	25	佐古勝次郎	大阪地	06/13
1134	M44	26	小林喜三郎	大津地	06/13

番号	年/番号		氏名	裁判所	執行日
1135	M44	27	伊藤今朝松	宮城控	06/14
1136	M44	28	増田貞彦	長崎控	06/13
1137	M44	29	蓬田慶助	宮城控	06/15
1138	M44	30	西熊吉	長崎控	06/16
1139	M44	31	小島弥太郎	東京地	06/19
1140	M44	32	藤井妙香	東京地	06/19
1141	M44	33	小谷寅一	長崎控	06/20
1142	M44	34	小谷春吉	長崎控	06/20
1143	M44	35	恒吉四郎左衛門	長崎控	07/10
1144	M44	36	前田善介	長崎控	07/10
1145	M44	37	安村武平	福岡地	07/10
1146	M44	38	岩上洪治	東京控	07/13
1147	M44	39	井東精一	新潟地	09/19
1148	M44	40	広岡為治	神戸地	09/23
1149	M44	41	大岩虎次郎	富山地	09/27
1150	M44	42	真島軍助	鹿児島地	09/29
1151	M44	43	猪口政行	長崎控	10/05
1152	M44	44	難波信治	岡山地	11/02
1153	M44	45	海老原昭永	水戸地	11/16
1154	M44	46	坂田鉄太郎	東京控	11/16
1155	M44	47	中ノ目丹治	函館控	11/29
1156	M44	48	平川乙次郎	広島地	12/08
1157	M44	49	神村倉太	広島地	12/08
1158	M44	50	津田平七	大分地	12/09
1159	M44	51	菊地辰太郎	東京地	12/13
1160	M44	52	山本武治	根室地	12/12
1161	M44	53	大木徳次郎	函館控	12/12

番号	年/番号		氏名	裁判所	執行日
1162	M45	1	守屋清明	甲府地	02/02
1163	M45	2	朝川久市	札幌地	02/02
1164	M45	3	小倉芳之介	東京地	03/04
1165	M45	4	星宮木太郎	東京控	03/04
1166	M45	5	太刀啓造	水戸地	03/04
1167	M45	6	山崎酒造恵	東京控	03/04
1168	M45	7	平林林蔵	東京控	03/04
1169	M45	8	平林幹雄	東京控	03/04
1170	M45	9	奥野俊厚	和歌山地	03/05
1171	M45	10	木村万吉	静岡地	03/06
1172	M45	11	加藤操重	広島控	03/05
1173	M45	12	宇野鉄蔵	長崎地	03/05
1174	M45	13	狩野又平	長崎控	03/11
1175	M45	14	小野仁蔵	東京控	04/04
1176	M45	15	蛭田徳次郎	横浜地	04/08
1177	M45	16	花村嘉十郎	名古屋地	04/06
1178	M45	17	菅野弥助	福島地	04/16
1179	M45	18	服部彦市	安濃津地	04/19
1180	M45	19	松添貞次郎	長崎地	04/20
1181	M45	20	塚越島吉	東京控	04/24
1182	M45	21	丸岡源太郎	東京控	04/24
1183	M45	22	丸岡半五郎	東京控	04/24
1184	M45	23	清水茂三郎	札幌地	04/26

※1 新垣亀（番号24）の裁判所は「沖縄重」ではなく、「沖縄県裁判所」となっています。
※2 田口弥三郎（番号140）は軍法会議による銃殺です。
※3 吉沼栄次郎（番号847）の名前の「栄」は判読困難で、別の字の可能性があります。
※4 小林〇之助（番号859）の「〇」は手偏にメ。読みは「こばやししめのすけ」です。

◎編著者プロフィール

中川智正弁護団　後藤貞人（ごとう・さだと）弁護士
　　　　　　　　前田裕司（まえだ・ゆうじ）弁護士
　　　　　　　　渡邉良平（わたなべ・りょうへい）弁護士
ヴァルテル・ラブル（Walter Rabl）オーストリア法医学会会長

絞首刑は残虐な刑罰ではないのか？
新聞と法医学が語る真実
Hanging is a Cruel Punishment: The Truth Revealed by Journalism and Forensic Science

---

2011年10月30日　第1版第1刷

編著者　中川智正弁護団＋ヴァルテル・ラブル
発行人　成澤壽信
発行所　株式会社現代人文社
　　　　〒160-0004　東京都新宿区四谷2-10 八ッ橋ビル7階
　　　　振替　00130-3-52366
　　　　電話　03-5379-0307（代表）
　　　　FAX　03-5379-5388
　　　　E-Mail　henshu@genjin.jp（編集）／hanbai@genjin.jp（販売）
　　　　Web　http://www.genjin.jp
発売所　株式会社大学図書
印刷所　株式会社ミツワ
装　丁　加藤英一郎

検印省略　PRINTED IN JAPAN　ISBN978-4-87798-493-9　C3032
Ⓒ 中川智正弁護団＋ヴァルテル・ラブル

本書の一部あるいは全部を無断で複写・転載・転訳載などをすること、または磁気媒体等に入力することは、法律で認められた場合を除き、著作者および出版者の権利の侵害となりますので、これらの行為をする場合には、あらかじめ小社また編集者宛に承諾を求めてください。